阮兮詩，阮兮影，阮兮海海人生

人生兮路慢慢行

人生兮路應該慢慢行
呣管風雨佮景色早已定
人人打拚攏是想欲贏
遠看名利近聽車馬聲
有人尋無線頭日夜驚
深秋變色只好隨風晟
等待落葉掃遍銅鑼城
則知陀螺已經轉袂停
只拵風淡雲輕夢中尋無影
白頭竟然呣識偕己兮名
人生兮路應該慢慢行

◆兮（音ㄟ）：的。
◆呣管：不管。
◆佮（音ㄍㄚˋ）：和。
◆攏是：總是。
◆袂：不能。
◆只拵：只剩。
◆呣識：不認識。
◆偕己：自己。
◆晟：成全。

1. 高一與同學出遊留影，少女的靦腆寫在臉上。
2. 幼時全家福，最後一排左邊數來第二個就是作者本人。最左是作者的同學，最右則是領養受家暴的珠姐，中間的是就讀高中的大哥，當時么妹尚未出生。
3. 身穿的牛仔褲是自己設計的家居便服。

圓仔花

圓仔花不知醜
點胭脂佫畫目眉
想欲嫁佫全虧諧
無惆遲煞嫁乎大孝呆
圓仔花毋識貨
無代誌將乾家官叫來罵
小姑小叔秤斤秤兩喊俗賣
圓仔花
伊烏鴉歸日嘆鳳飛
照理阮毋甘將伊來拱體
誰人叫伊是阮兮好姊妹

- 佫（音ㄍㄜˋ）：又。
- 目眉：眉毛。
- 虧諧（音ㄎㄨㄟ ㄏㄞˊ）：很難搞定。
- 無惆遲：不小心。
- 乾家官：公婆。
- 拱體：嘲諷、嘲笑。
- 兮（音ㄟ）：的。

1. 慵懶的擺pose，是貴婦的特權？
2. 設計師為作者設計的迷你短裙，展現亮麗風情。
3. 在菲律賓總統避暑的夏宮碧瑤前留影。

菜脯

一甕一甕風吹日曬兮菜脯
攏是歷史沉底兮腳爪
恁時代安怎滾絞
翻出來的味素永遠留著古早味
是一種免摻花粉胭脂又佫
樸實兮鄉土味
面對多元化兮衝突毋免掩蓋佮閃避
自然兮解放著是層層疊疊兮認同
一甕一甕兮菜脯
無同款兮甕仔醃出同款兮臺灣情
一路毋驚風吹日曬

◆菜脯：蘿蔔干。
◆兮（音ㄟ）：的。
◆著：就是。
◆佮（音ㄍㄚˋ）：和。

1. 一九九九年「生涯輔導學術研討會」，與中央警察大學一年級花木蘭合影，萬警花中一老嫗也。
2. 二〇〇三年，作者本人主持的節目「少年仔！你知道嗎？」入圍第三十八屆金鐘獎文教資訊節目主持人獎。
3. 二〇〇三年，國際單親兒童文教論壇與全體義工合影。

人生兮扁擔

人生可比是一支長長兮扁擔
一頭是擔蔥賣菜另外一頭是目屎流
用無價兮青春將時間來偷
多少委屈佮心酸更加無底掏
打拚兮日子轉來旋去毋知老
只仰望一家大小平安子兒有出頭
惦在欲離開故鄉兮港口
我悲從心來頭一擺放聲大哭
沉重兮行李裡面裝兮攏是父母兮老
毋知何時則會成功將艱苦一路來掃
啊——
人生是一支沉重兮扁擔

◆兮（音ㄟˋ）：的。
◆佮（音ㄍㄚˋ）：和。
◆掏：解開，發音與注音的「ㄊㄠˋ」同音。

1. 二〇〇四年，基金會父親節舉辦「單親爸爸麵麵俱到」活動。強調單親爸爸親職角色重要性。由左至右為：南僑集團周明芬副總裁、公益大使劉至翰先生、作者本人及公益大使廖偉凡先生。
2. 二〇〇九年，麻二甲之家（未婚媽媽庇護中心）動土與義工們拍照留念。
3. 內政部委託辦理單親家庭全能強化課程培訓三場，與主講人及地方主辦單位合影。由左至右為：前任屏東縣政府吳麗雪副縣長、加拿大家庭服務聯盟前主席 Margaret Fietz、作者本人、加拿大衝突管理學院陳校賢教授。

4. 二〇一四年應邀到臺中婦女發展協會演講，永遠在基層始終如一關懷婦女公共參與等議題。

一體兩面

一支雨傘兩款用
一邊遮雨一邊閃日頭
一個肩胛兩種力
一邊擔天一邊扛地
一筆思念兩款人
一邊愛情一邊親情
一張遺囑兩場面
一邊哀父哭母一邊相打拼槌
一人生命兩終點
一邊天堂佮地獄
一邊毋知叨位再輪迴

◆相打拼槌：拳腳相向。
◆佮（音ㄍㄚˋ）：和。
◆毋知：不知。
◆叨位：哪裡。

1. 在挪威精靈的擁抱下留下倩影。
2. 在開放的北歐，處處可見崇尚自然的裸雕，展現性與力的藝術。
3. 為推動公益及性別教育，全國巡迴演講上千場。

我是蠟燭 你是火

倫問春夏秋冬恁是有幾歲
則知影新衫已經換了幾落回
毋管萬家燈火是誰人兮
只知影我是蠟燭你是火
歸年通天攏甲大海佇作夥
船老網破尋無少年家
風霜面上一寸一寸爬
攏是為著一家兮大小
你紅花頭前行我綠葉後面逆
咱兮腳步齊著毋免加講話
無限兮海岸只有孤鳥將阮陪
海湧是阮送乎你兮心內話

- 恁：你們。
- 則知影：才知道。
- 幾落回：好幾次。
- 歸年：全年。
- 攏甲：都跟。
- 佇：在。
- 作夥：一起。
- 面上：臉上。
- 兮（音ㄟˊ）：的。
- 逆（音ㄉㄨㄟˋ）：跟。
- 毋免：不用。
- 加：多。
- 著：就。

1. 蘇聯紅場、史達林紀念館前留影。
2. 難怪加拿大會被聯合國連續八年評選為最適合人類居住的地方，連鄉間空氣都是乾淨宜人。
3. 美國德州騎牛。
4. 二〇〇三年國外諮商專業訓練課程與學員們合影。作者為前排右起第一人。

世事也難料

人生來如海湧去若退潮
情字風中飄
乘幸福的感覺也袂變調
用一首詩將伊慢慢來雕
刻出生命兮美妙
編舞乎偕己兮心跳
跳出悲傷中偎靠兮柱
人生來如海湧去若退潮
雖然成長是含淚兮笑
阮猶原呣甘將美夢來提掉
恬恬留一角落乎失魂落魄兮孤鳥
茫茫渺渺呀茫茫渺渺
世事原來就難料

◆袂：不會。
◆兮（音ㄟ）：的。
◆偕己：自己。
◆偎靠：依靠。
◆阮：我。
◆呣甘：不捨。
◆提（音ㄊㄟˊ）：拿。
◆恬恬：安靜的。

1. 在瑞士與波蘭籍雕塑家米托拉吉(Igor Mitoraj)的青銅作品「Eros Bendato」合影。
2. 步出大教堂，為臺灣祈福滿滿。
3. 父親九十歲大壽。不論年紀，他老人家總是充滿智慧幽默看人生！

杜拜騎駱駝。

真情推薦

這是一本看了會讓你捧腹大笑，繼而沉思、領悟其中的人生智慧，甚至於流下感動眼淚的書。除了黃越綏，臺灣沒有人寫得出這種文章。

——苦苓／自由作家

每次見到我，她都會塞給我一些零食，好像我是她未成年的小弟弟那樣。每次談到婚姻議題，她就會跟我說，她很支持我的想法，但有一點她不同意，她不會勸人家離婚。在節目上，好多人都說喜歡看我跟黃老師「鬥嘴鼓」，但她私底下可是到處說我的好話。她的基金會並沒有因爲她的好人緣而獲利，關於募款，根本不及她花出去的速度，是個很窮的基金會。

所以這本書是這樣俠義心腸寫出來的，我的黃越綏老師的年度力作。

——許常德／資深音樂人、作詞人

我參加黃越綏老師嫁女兒的婚禮，婚禮由黃老師自己主持，參加過那麼多嫁娶，沒有人這樣幹的，哪有主婚人兼做主持人的。婚禮現場爆桌，賓客五湖四海，黃老師她曾住菲律賓，女兒又在ICRT服務，女婿是白種人，所以她英語、國語、臺語三聲帶，講了很多黃色笑話，逗得全場「花枝亂顫」，哄堂大笑，毫無冷場，其實她有「黃后」之稱，但並不粗俗。黃越綏嫁女兒這種場合，政界大老誰敢不來？她現場酸這些有權有臉的人，讓人拍手叫好，從這個角度看，某種程度她其實是「皇帝」，修理人，沒人敢頂嘴。

沒人敢頂嘴，是因爲黃老師這個老黨外，一直出錢出力，光是出錢，我的瞭解就超過一千五百萬。

你要知道黃越綏不是有錢人，一千五百萬對她是天文數字，簡單說，她是個俠女，惹她沒好處。

雖然是俠女，但她心地軟得像豆腐；我三立大話新聞收掉時，來賓去參加婚禮，全不收禮，因爲她知道有的來賓苦哈哈，就靠那一份收入，這個粗線條的人竟然這麼細緻，就更不要說她創辦的國際單親兒童文教基金會，幫了多少人的忙。

黃老師的老公在菲律賓被綁架，她的人生套句連續劇的形容詞叫「劇力萬鈞」，非我這種凡人所能體會。

總之，她可能有兩顆膽，我在新聞挖挖哇旁邊偷偷崇拜她。

——鄭弘儀／作家、知名節目主持人

像黃越綏老師這樣，能夠愈資深愈好看，絕不是個意外，而是性格使然。她就是現代俠女，豪爽海派、交遊廣闊、遊戲人間，具正義感，能夠正向思考，笑看人生，難怪衰運都會越過她。這本書不見艱澀的哲學理論，而是平凡的生命故事。透過黃老師的生花妙筆，你會有豁然開朗的頓悟，意外的人生其實並不意外。

——楊月娥／資深媒體人

黃老師是我最敬重的長者，她的熱情、樂觀與急公好義，不吝提攜後進的寬大胸懷都令人十分敬佩。每每和黃老師談天說地，都令人如沐春風。

這本書寫的不只是她的人生故事，更是生活智慧，值得細細品味。

——鍾年晃／資深媒體人

某天收到一通簡訊，黃老師出書，邀我寫推薦語，頓時之間備感榮幸，竟然有機緣幫我的偶像寫推薦語，備感榮焉。

我開始喜歡黃老師是在戒嚴時代，那是一段地下電臺比正規電臺好聽，黨外雜誌比主流報刊有趣的時代，我喜歡黃老師對時事的分析與批判，更喜歡她以自我調侃的風趣口吻，來教導我們對生活該有的態度。

這本書以簡單詼諧的角度教導我們該怎麼樣過生活——放下執著，隨緣自在，人生處處有出口，很簡單的故事卻有很深的哲理，是一本很值得反覆再細讀的好書。

——謝宜芳／知名營養師

目錄

PART 1

流金歲月中的滄海一粟

PART 2 這個趣味盎然的世界

PART 3

人生難不難在於心

自序

人在世間千萬般

最近有三件事讓我覺得歲月眞的不饒人。

一、是搭乘公共運輸工具時有人會讓座，而且在高鐵候車區逕自選擇坐在博愛座時竟然沒有人會多看你一眼。

二、是當你每天早上醒來放慢動作，先起身坐在床沿，然後再用一腳去尋找拖鞋。當兩腳都能穿上拖鞋且可以順利的站起來走向廁所時，竟然會因確定自己還正常活著的小確幸而感恩。

三、是記得不久前才剛辦完父母的後事，也頻頻穿梭在悼念長輩們的喪禮中，好不容易才喘口氣，沒想到緊接下來的訃文竟然都是來自同儕的。

因爲年紀漸大，也擔心記憶力退化得快，搞不好哪天突然就失智，人生不僅由彩色驟變成黑白，恐怕這一生只剩下空白。加上除了致力於公益，在我的專業領域接觸到的範圍，幾乎不能脫離愛情、婚姻、親職與婆媳等兩性的人際關係。

即使生命會爲自己找到出口，但在漫長生命的過程中，難免會遇到一些超乎自己年齡、智慧與能力所能面對的悲歡離合與人間遊戲。

這些撒遍生活之中難以抹滅或忘懷的點、線、面殘骸，經常被壓縮或遺棄在現實之中。在這樣的冷宮裡，這些更實際、重要或優先的生活順序，似乎除了你自己在乎或願意去珍惜它，否則它們就彷彿像是不曾存在過的空氣。

因此我決定寫這本書，它的內容既不屬於專業的應用，也不符合時下流行的市場需求，只是一些生命中早已被忽略或遺漏的生活瑣碎的記憶。

雖然對讀者而言或許沒有太大的震撼或感動力，但對我而言卻是從生命的軌跡中去挖掘出最純眞的故事來分享。而且每則故事多少都留著不同時代價值判斷的餘溫。

尤其人活得愈老愈有時間自我省思，很多人都會問我如何保持樂觀與幽默的生活態度，事實上我的一生跟絕大多數人一樣，也都是在跌跌撞撞中自尋平衡點，然後再跨越前進。

這本拙作中包括我從小因名字遭霸凌，以及因長了一張老氣的臉而無故被消遣，甚至因性格決定命運，在不同年齡發生連連出錯的荒唐故事。

既然生活沒有範本，就像人世間的是非對錯也沒有絕對的天秤，才發現自己竟然在西方的墨非定律（總之會錯的總是會錯），與東方的船到橋頭自然直、不必杞人憂天的了然概念之間輪迴，而不自覺；相對地有多少的庶民，也都是用這寬容的哲理來體諒生活的難處。

生命處處是關卡，而每個關卡的背後都藏有一副心鎖，要解碼得須多用心。也唯有活到老學到老，你才能有夠多的故事娓娓道來。

特別要感謝臺灣商務印書館編輯的厚愛，特別將我不能登大雅之堂的臺語文詩也編選在書中。當然諸位菁英好友們撥冗的推薦序文（苦苓、許常德、鄭弘儀、楊月娥、鍾年晃、謝宜芳），更令我感動，尤其對於百忙之中仍願意爲此書推薦的諸多名人像于美人、李秀媛、吳淡如、范可欽、趙少康、趙婷、陶晶瑩、謝震武（依姓氏筆劃順序排列）等只能在此一律說謝謝。

PART 1

流金歲月中的滄海一粟

小時候，我也是愛惡作劇、愛玩的孩子，童年的故事現在看來依然莞爾；進入職場後，多有奇遇或糗事；婚後定居菲律賓，無論是生活或工作都迥然不同……歷經風浪再回到臺灣後，又是人生另一個篇章。

少年時惡作劇，初生之犢不畏虎

南部學生的生活，也許在物質方面較匱乏，但太歲頭上動土的行爲，以及與大自然經常接觸的機會，卻是生活樂趣及成長回憶中不可缺的養分。

愚人節戲弄教官

我想起我念高中時，有一天早上到學校時，眼看就要遲到了，遠遠就看到教官兩手插腰，如凶神惡煞般堵在校門口，準備要找碴逮人的樣子，於是我心生一計，就在快接近校門口時，小心翼翼地走到教官的身邊，在他還未對我發飆之前，悄悄靠近他，並很正經地跟他說：「報告教官，您的帽子戴反了。」

在我們那個時代，軍官的帽子分為圓形和船形兩種，而船形帽上的軍徽只能放在帽子前方，只見教官聽完我的話嚇了一跳，雖然臉上仍是嚴肅的，但動作超快速地馬上把帽子前後對調，我們則趁機逃過一劫。

結果升旗典禮後，身為朝會指揮官的教官被校長私訓了一頓，指責他身為一個軍人，怎麼可以把帽子給戴反了呢？簡直太離譜了。

不久，學校的廣播器就開始大放送：「×年×班黃越綏同學速到訓導處。」我只好帶著早已寫好的悔過書去報到。進入辦公室，我看到偌大的辦公室只有臉色鐵青的教官一人，我一面知趣地道歉並遞上悔過書，但也一面嘻皮笑臉地說：「教官，別生氣啦，我只不過是利用愚人節開你一個玩笑罷了。」

摘芒果摘到導師家

有一次趁午休時間，我與幾個較要好的同學相約一起爬牆到校外，準備去附近一排日式宿舍的芒果樹上採芒果，男生負責爬上樹去摘芒果，而女生則在下面撐開裙襬接上面丟下來的芒果，邊摘邊吃，既有趣又開心，摘著摘著竟忽略上課鐘聲已響。

等到回到班上時，導師已經教鞭伺候，參與的同學都一起堅持芒果是路邊的芒果樹摘下的，不是到人家家裡偷竊來的，雖然老師要我們供出主謀，但大家都不願出賣彼此，因此最後導師祭出殺手鐧，警告並恐嚇我們若不快點供出主謀者，則將告知家長或退學。

事實上，我們有不少同學都是來自偏鄉，好不容易才爭取到求學的機會，豈可因此被退學呢？於是我主動站出來認罪，希望我一個人的頂罪能盡快平息這場風波。

但沒想到導師竟不相信我是主嫌，原來我們偷摘芒果的那家屋主，正是導師的家，而向導師通報我們犯行的是師母，她在屋裡可看了一清二楚，最後雷聲大而雨點小，導師念在我們是初犯，各打了幾個手心就作罷了。倒是事後導師遇見我母親，並用「有膽識」來稱讚我。

一樣是偷摘水果犯了錯，但受罰的待遇卻各不相同。故事是發生在我們鄰居的身上，他們家有棵老龍眼樹，由於長得高大，因此有些分枝會攀過牆而垂入到我們家的院子。

因爲果實纍纍，又擅自侵犯到我們家的領域裡，於是就很自然地動手摘下來吃，結果被鄰居的惡婆娘發現，世上最沒得選擇的就是親戚和鄰居，不但被她痛罵加詛咒，甚至到處告狀數落父母沒家教，縱容子女從小當賊，害得我們著實地被體罰了一頓。結果大哥不甘心地想出一個至今我仍佩服的報復方法，雖然有點骯髒和噁心，但卻足以撫平我們受到創傷的幼小心靈。

以糞便還之鄰居的無理對待

就在事發後，我們被痛打不久後的一個早上，大哥瞞著父母，拿了張舊報紙鋪在牆角，然後要三弟越勝在上面拉屎，大約半天時間，大便略呈風乾狀時，他叫我去把報紙剪成像西藥房在包藥粉紙的方塊大小；叫二妹去買枝冰棒吃，他再利用吃完冰後留下的薄片木棒，去撥少許糞便放在紙上，然後要二弟幫忙分別包成一小包、一小包備用。當我們看到鄰居把洗好的衣服，全部都掛滿在長竹竿上時，大哥抱著三弟坐在他肩上，再由我和二弟分別把屎包遞給三弟，由他順著一件件正在晾曬的衣服口袋，一包一包地塞進去。

然後等到黃昏時刻，晾在衣竿上的衣服被主人全部收走後，我們一群人躲在牆角注意聆聽，果然沒多久就聽到彷如氣爆般可怕的尖叫，雜著更難聽的詛咒聲，傳遍了好幾條的街巷……。照理說此次的傷害應該比偷摘龍眼事件更嚴重，但父母對我們的懲罰態度，卻出乎意外而不太一樣。

第一個原因是我們兄弟姊妹全部都不承認自己有犯意，大哥說他只負責策劃，而我和其他弟妹承認，只是聽命大哥而做配合的動作罷了，三弟甚至委屈地說：「我只是大便也不行嗎？」

第二個原因則是鄰居竟爲了幾串越過圍牆的龍眼被我們摘來吃掉，不斷地詛咒我們全家，即使我們已經都挨打了，父母也出面慎重道歉過，但她還是心裡有些不滿的芥蒂，所以表面上父母當然還是當衆臭罵我們一頓，但私下我竊聽到長輩們帶著啼笑皆非地口吻說：「虧他們這群猴死囝仔，居然想得出用這招來治她。」

創造出謎樣的人物：黑色

差不多是在我五年級時，我犯下了一個自以爲是的錯誤，讓我陷入自取其辱的枷鎖，並長達二十多年之久。由於父親自修的漢文造詣高，而母親琴棋書畫也均有涉獵，當年在強制推行國語化的氛圍下，她還刻意送我到外省子弟較多的台糖附設小學，去學ㄅㄆㄇㄈ較標準的發音，但只要一回到家則全部只准用母語

（閩南語）交談。

不求甚解又愛現，造就誤會二十年

有一天在飯桌上，大哥突然與父親討論起中國文藝復興的五四運動；他和父親說，大家通常都只提到編輯過漢英辭典的梁實秋，但他認爲胡適的實質影響力更大。所謂無巧不成書，沒想到隔沒幾天，我們班上的老師居然也教起了五四運動的課題。

這個時候，我自以爲是的大頭症又不自主地發作了。於是竟帶著十分的自信，卻用著極揶揄的口吻，主動跟坐在我旁邊的男同學悄悄地說：「我偷偷地只告訴你，其實老師說的並不正確，因爲我大哥說，五四運動的主要人物是個名叫『黑色』的人。」

歷經了小學、中學、大學……到出社會結婚生子，到底事隔多少年我都已記不得了，但突然有位自美歸國的學人說他是我小學的同學，透過各種管道，終於跟我聯絡上了。我們相見竟然恍若隔世，彼此都在歲月醃漬過、已然陌生的臉龐上，企圖找回童年些許熟悉的模糊記憶……。我們幾乎是同時開口搶先要說話，終於還是由他先發言。

他的第一句話就是：「對了，妳還記不記得小學時，妳曾經告訴我，妳大哥跟妳說有位眞正影響五四運動者，是個名叫『黑色』的？」我當然是點了點頭。他又繼續說：「可是我在美國唸書時，還特地到哈佛大學的燕京圖書館去找資料，但就是沒有這號人物啊！」果然具備了鑽研近代史的學者風範。

眞相大白後終於解脫

於是我從座位上緩緩地站了起來，然後又是表示致歉的一鞠躬：「雖然很抱歉，但祕密終於可以在今天解碼，同時也了卻我長期以來對你的內疚。」

我單刀直入地跟他說：「從頭到尾就只有胡適此人，根本沒有黑色這個角色的存在。」只見他當下的表情還是充滿了疑惑。當我更詳細地解釋了事情發生的來龍去脈後，他才恍然大悟，原來「胡適」名字的閩南語發音就叫作「黑色」，而道聽途說的我，就自以爲是的把它由閩南話直譯成華語。才導致有這個差點就石沉大海的烏龍事件。聽完我的敍述後，他也只能哈哈大笑並拍案叫絕，直搖頭說：「哇，我眞服了妳啊。」

從小就懂得把握先機，以及先吃便當中的排骨

我的童年並不貧困，但卻是處在一個悲慘的大時代裡。

當時二次大戰剛結束不久，全球經濟蕭條，各地普遍衛生條件不好而流行病盛行……。在那樣的時代背景裡，多數人們的生活，幾乎都是處在物資相當匱乏的情況，因此儉約純樸的民情蔚然成風。

生活環境造就思考模式

生活中，人們偶爾能去電影院看場電影，已算是虛榮的奢侈了，尤其鄉下地方，除非是托特別的慶典或祭祀之福，才能夠有機會吃些肉打牙祭，根本沒有人會隨便上館子外食，更遑論像時下的年輕人，不但週末一定要到餐廳去犒賞自己一番，且流行先用手機拍攝食物的擺盤，再傳送到社群網站與朋友們分享。

也許這正是爲何代溝總存在著彼此不能理解的矛盾，因爲說者諄諄而聽者藐藐之故也。今日多數的外食者，午餐都會買個便當（餐盒）來充飢，而主菜的內容，因求便利，總是不會跳脫像排骨、雞腿和魚排等，基本款菜色的選擇。

也許有人一打開便當，馬上就會先夾起主菜而大快朵頤一番，但一般人吃東西的習性，爲了滿足口慾，多半都會選擇把不喜歡或次要的項目先吃掉，然後保留到最後才吃最喜歡吃的精華部分。

痛失排骨，焉知非福

我二妹吃東西的習性本來是屬於多數人的形態，但自從她在童年犯下了自以爲是的錯誤，導致她痛定思痛，從此徹底改變了她個人的飲食習慣。

故事發生時，她大概只有七、八歲，父親帶著她、二弟及我三人，一起上臺北參加世交兒子的婚禮。隔天就得匆忙地趕回南部，而在候車時，因爲已近中午，所以這位世伯就請我們到鐵路餐廳吃飯，並替我們各叫了份當時鐵路餐廳最高級、也最出名的排骨飯後才離開。由於火車不等人，所以父親就催促我們動作要快一點，免得搶不到位子坐（當年的火車班次只分快車和慢車，而快、慢車均無對號入座）。

於是我和二弟一打開鐵盒便當，二話不說地就先從炸排骨下手，但怎麼勸說，二妹就是堅持要先吃完飯再吃排骨，她還懂得用排骨要留著「慢慢享受」的心理戰，欲引起我們的嫉妒。

可惜人算不如天算，就在她洋洋得意時，遠處傳來嗚嗚的氣鳴聲，突然父親站起來催促：「快快快，火車要進站了。」就這樣我們一行人馬上起身趕往月臺。只聽到二妹一面不情願地跟著跑，一面又轉頭看著離她愈來愈遠的排骨，不捨中悽楚地叫了聲，「那我的排骨怎麼辦？」

上車後二妹就坐我旁邊靠窗的位子，只見她在七、八個小時的路程上，儘管沿途風光明媚，但她卻一直忘我地用著自己的前額，去輕敲著窗子的玻璃，並一再悲傷地呢喃著：「嗚……嗚……，我的排骨呀！」

懂得死道友不死貧道，別指望別人的幫助

我的父母對子女們的教育從不囉唆，而且經常只會用一句成語或諺語帶過，好留白讓我們自己省思。而我個人檢驗自以爲是的人格糢事，最早應是發生在小學三年級時，記得那是我一生中最難忘也最漫長的一個暑假，當時父母只是分別送給我一句話……。

誤信大哥的承諾

基本上，我從小就屬於自律和自愛型的個性，加上深信庭訓「先苦而後甘方知滋味的層次」的原則。因此每到放暑假，我一定會未雨綢繆，先把所有的暑期作業一口氣完成，然後在無後顧之憂的情況下，安心盡興甚至瘋狂的去度假。

可是那一年，也許是命中犯天狗或白虎星來刑剋，每當我才要做作業時，剛考上初中（現在的國中）正逍遙得意的大哥就會在軟硬兼施下，帶領著我東闖西撞地亂玩一通。爲了怕我拒絕不當他的跟班，他還拍胸脯答應會幫我寫暑期作業，當下的我也自以爲是的認定，既然有大哥的保證可信賴，還擔心什麼呢？而且他若眞敢食言，到時候我再跟父母親告狀也還來得及。

日子一天一天地飛逝，每當我跟他提醒或抗議，爲什麼他老不趕快替我完成我的暑假作業？他就會故作灑脫地回答：「小事一件，文字作業妳自己寫，畫畫方面我替妳負責就是了。」

結果到了暑假尾聲，只剩下不到兩天時，我拚命地向大哥催促圖畫。他不但繼續賴皮，還跟我強調：「不是我不替妳畫，而是我的程度比妳好太多，老師不會相信的。」

哇噻，這是什麼話？我被驚嚇得有如五雷轟頂而急得跳腳，只好哭喪著臉再求他：「那你隨便畫一畫就可以啦。」沒想到他的回答更酷：「噢，這樣一來，我又會對不起自己了。」最後的結論就是我活該。

痛過後不會忘的道理

當我去跟母親告狀時，她什麼忙都不幫，還要我多背幾次「死道友不死貧道」這句諺語，但當時我完全不懂它的意涵。

後來我只好獨自在開學前最後的兩天一夜裡，完成兩篇作文和兩張圖畫。上學日的前一晚，夜闌人靜，全家人都在睡夢中，唯獨我挑燈夜戰，不論素描、蠟筆和水彩畫都有我苦澀淚水的調和。

半夜起來如廁的父親見狀也是不發一言，只是在回房經過我身旁時，輕輕地拍了我的肩膀說：「要記住呀，凡事求人不如求己。」而此話至今對我仍受用。

凡事總要親身經歷才能夠領悟出道理來，當道理多到可以隨時開啓智慧的任督二脈時，自信的免疫力和謙虛的態度也就會隨之增強，相對地也可以減少付出無謂代價的風險。

被道上兄弟欣賞的奇遇

大專時，爲了扛起家計，我選擇夜間部就讀。最後一年班上舉辦「走横貫公路到花蓮」的畢業旅行。結果負責與旅行社聯絡租車的同學，不知是因爲與該旅行社的小開談戀愛而沖昏頭，完全沒有警覺心，還是另有收回扣等內幕。總之，出遊那幾天不只遊覽車品質差，且司機的服務態度更是惡劣，最嚴重也最可惡的是煞車系統出狀況，差點害我們連車帶人墜入大禹嶺的山崖下。

兄弟找碴，兵來將擋

在我們都平安返家後，這件事引起公憤，決議要求旅行社部分退費並道歉，但聽說對方完全置之不理，甚至叫兩位流氓小兄弟到我上班的公司來威脅我。

由於當時是班代，面對這樣的危機只好一肩扛。因此獲悉對方情資後，我除了立刻將事情發生的緣由向主管報告並取得諒解外，心裡則是度日如年，不知道他們何時會來，外表卻必須裝作若無其事，本著兵來將擋、水來土掩的心情來面對。

果然一個星期後，辦公室出現了兩位年齡二十初頭、剃著平頭、穿著花襯衫（當時混黑道者的流行穿著）的兄弟，凶神惡煞地到公司，要找我「談一談」。我和顏悅色地請他們到會客室休息，一開始他們兩人不懷好意地上下打量著我，一副門道裡挑貨色的邪門樣子，但我故意視若無睹，親切地先奉上兩杯咖啡，更刻意地尊稱他們為「大哥」。

我很誠懇地跟他們說明實際情況，表示我們是受害者，並希望他們能有人命關天的同理心，來理解我們的憤怒；另外我也騙他們說，我已經向警方報警了，並強調因為我人緣差，所以如果我出門受傷或有其他意外，恐怕警方也會把他們列入嫌疑名單。

最後我還拜託他們能站在正義的立場，替我們主持公道。接著兩位道上兄弟不但安靜地聽完我的控訴，還同仇敵愾地拍桌子，用「畜牲」痛罵旅行社的小開。

大哥稱讚讓人心驚膽跳

事發後的第二天，我還驚魂未定時，又突然接到一個陌生中年男子的電話，用著低沉帶些沙啞的聲音說：「黃小姐，我是×××，我的兩位小兄弟回來跟我稱讚妳很講義氣，又很有大姐頭仔的架式，要不要出來見個面，我收妳當契妹呀？」

當下我差點因爲這突兀的驚嚇而停止呼吸，但也只能故作鎮靜，十分恭敬且委婉地回答說：「謝謝大哥的厚愛，以後有機會一定與您結緣。」到底是道上的江湖好漢，他也不再勉強，豪爽地笑了笑並加上一句：「好！那麼以後有誰敢欺負妳，妳就來找我這位大哥吧！」

雖然不知道爲何事情會這樣發展，但事後想想，或許是我騙他們已經事先向警方備案的策略是對的，畢竟邪不勝正嘛！

感到羞愧的正義魔人

在我尚屬妙齡的年代時，曾經有一樁發生在大衆運輸工具上的出糗經驗。

我和很多的上班族一樣，因爲買不起轎車，又不會騎摩托車，因此唯一能依賴的交通工具就是公車。

自以爲主持了正義

那天剛好是下班時間，搭公車的人潮相當

擁擠，因爲我的路程較短，上車後再過幾站就可以下車，所以不敢往車子裡面擠，剛好就站在司機背後的斜對面處，而跟我站得貼近又同時握著車柱的另一位乘客，是個體型瘦弱但頗慈祥的老伯伯。我觀察到他經常有意無意地注視著坐在他前面的年輕人，因此引起我的好奇心，原來坐著的竟然是位穿高中制服、把書包平放在大腿上的學生。

面對著一位站不穩的老先生和年輕又不讓座的高中生，我一股莫名的正義感不由自主被撩起，突然對眼前這位沒教養的臭小子心生反感；恬不知恥地不讓座給瘦弱的老人家也罷，居然還刻意地把臉和視線瞥向窗外，一副誰也奈何不了他的樣子，更令人生氣。

於是我和老伯跟進，一起加入了敵視這個中學生的行列，甚至還故意找機會，希望能與他直接來個四眼相對，好把我早準備好的猙獰表情強力地放送給他。同時還刻意地喃喃嘀咕著諸如「世風日下，人心不古呀！」等話語，期盼能夠達到指桑罵槐的效果，逼迫他讓座。

身邊的老伯伯大概已經發現我對此中學生不讓座給他的不滿情緒，一直都在加溫中。因此他雖然什麼話都沒有說，但從他的肢體語言上，我可以感受到他正透露著感激，卻又希望我不用太介意的訊息。

眼見也有可能是偏見

老伯伯他比我先到站而準備要下車，當公車快停靠站牌時，他突然悄悄地跟我說了聲：「小姐，眞謝謝妳呀。」然後竟伸出手要去扶持一直坐著的中學生，我被眼見的景象給弄傻了，赫然才驚覺到中學生的書包下，掩飾的竟是一雙小兒痲痺的雙腿。

原來我錯怪了他，他根本無法讓座啊！老伯伯面帶著苦笑並且無奈地跟我說：「很抱歉，他是我兒子。」

眼看著他們父子，一老一少連扛帶扶，困難地慢慢走下車的背影，我羞愧得幾乎無地自容。就在乘客紛紛下完車，司機正準備開車時，我一時情急下脫口向司機喊停，馬上奪門跟著跳下車。

因爲穿著三吋高跟鞋，我只能用半走半跑的方式沿途追趕，皇天不負有心人，終於讓我追上老伯伯和他拄著拐杖的兒子。雖然我的出現讓他們很意外，而且也沒來得及徵求他倆的同意，我就直接上前緊握住老伯伯的手，並向他兒子深深地一鞠躬表示歉意。當我看著轉過身扶持著兒子繼續往前走的老伯伯拿起手帕拭去眼角淚水的背影，我也哭了。

搭錯車，還把人家趕下車

二十多年前我曾經做過另一件蠢事，是我與幾位朋友共乘一部車外出旅遊的可笑回憶。

當時若從臺北南下上高速公路，人們通常都會選在臺中附近的休息站上洗手間、加汽油或進食。有一次和朋友出遊，途經休息站，我一向動作快又缺乏耐性，所以上完廁所一時看不到同伴們，決定先到車上等其他人。

人類版鳩佔鵲巢

可是當我才打開車門時，發現裡面赫然已經坐了一位妙齡女郎，於是我很訝異地跟她說：「小姐，對不起！妳恐怕坐錯了車子，這是我們的車。」

那位小姐稍微愣住了一下，但她馬上回說：「是嗎？噢！對不起，對不起。」就趕快下車了。

等一陣子，我的朋友們還是沒有出現，反而是剛才被我趕下車的那位小姐，身後跟著一個魁梧的男人朝車子走過來。

當我打開車窗問他有什麼事嗎？他居然哈哈地笑了起來，然後用閩南語問我：「喂，小姐，請問妳知不知道什麼叫做乞丐趕廟公？」他接著嚴肅地說：「這台車是我的。」

什麼？不會吧！我們的車明明就是這部紅色的日本進口車，可是當對方已經都拿出行照來證明時，我除了下車外還能夠怎麼樣？

此時正到處在找我的朋友，終於看到下車的我，於是我當下只能羞愧地趕快跟這對帥哥美女說聲抱歉，快步開跑。

同是天涯糊塗人

等回到車上跟大家分享這段趣事時，其中一位朋友安慰我說，比起他母親的狀況，我的出糗還算是小Case。他說他的母親跟著鄰里街坊參加了某團體招待的一日遊旅行團。同樣地，遊覽車也選在臺中的休息站，讓旅客下車活動一下筋骨和上洗手間，但通常只停留個十到十五分鐘左右。

等到他母親匆忙地又搭上遊覽車後，竟發現自己的座位已有他人占據，所以她就直接走到最後一排的空位坐下，而且直到車子已經開上高速公路，他母親都沒有發現坐錯車。

原來他母親是第一次參加國內旅遊團，到了臺中的休息站下了車，上完廁所出來，看到眼前停了一大排的遊覽車，她的判斷是應該搭哪一部遊覽車都可以，反正都會把她載到目的地，因此她還很得意地與旁座的旅客聊起天來。幸虧他母親原先搭乘的遊覽車的司機，有上車後清點人數的負責任態度，加上其母親在與同車的人暢聊之下，對方發現原來其母親搭錯車，而通報處理。

他說母親完全沒有因爲自己的糊塗造成大家的不便，而有任何的歉意，反而大言不慚地用不知者無罪自圓其說，並很開心地在她被迫歸隊之前，刻意地留下自己的電話給車上的遊客們，希望大家有機會去找她玩。

令他不敢置信的是，後來居然眞的有好幾位只有一面之緣的旅客，跟他母親不但變成好朋友，還經常相約出遊。我這位朋友的母親是客家人，她做好吃麻糬的功夫是一流的。現在他們家人只要看到母親日夜都在加工製作麻糬時，就知道母親又要雲遊四海了。

在菲律賓體會到屬於生活的浪漫

五、六〇年代的菲律賓，國家生產力僅次於日本，位居亞洲第二，更被譽爲民主的櫥窗。但由於政局長期動盪不安，加上政客們貪污以及公部門敗壞的風氣，導致國家經濟一蹶不振，人們生活多數苦不堪言，貧富懸殊的結果，造成社會階級的區分與歧視，甚至當時占菲律賓總人口數（約一億）百分之十，約近千萬的華人（其中有百分之十的臺灣移民），都因爲生活條件略優於當地住民，而飽受被綁架和勒索的威脅。很多人對這個國家的觀感，可能都停留在落後和治安不佳的負面印象。

雖然個人婚後曾經旅居菲律賓長達十五年之久，但在這段期間，不論是我、大兒子和大女兒，均曾經遭遇過搶劫的恐怖經驗，而小女兒和前夫，更分別慘遭不同際遇的綁架和撕票事件，幾乎一家五口無一倖免。

即使如此，對於把菲律賓視爲第二故鄉的我而言，我寧可選擇以寬宏、包容的心看待這些不愉快的遭遇。畢竟憎恨只會令人偏激和痛苦，而且個人的不幸遭遇，與絕大多數的菲律賓人民無關。

也因爲住了很長一段時間，完全融入了當地的生活，因此我經常會比較菲律賓和臺灣兩者的民族性。菲律賓人可能因長期馴服於西班牙帝國近四百年統治的文化，以及美國殖民半個世紀的民主薰陶，因此菲律賓人的生活態度比較趨向浪漫、樂天知命、即時行樂，與自由、民主的開放思想。華人則普遍存有國破家亡以及顛沛流離的危機意識，性格上比較趨向悲觀、保守、刻苦勤儉，以及積穀防飢和儲蓄的習慣。

華人富翁話當年艱辛，無法理解菲人浪漫

我常引用以下這個故事來說明菲律賓與臺灣民族性的差異。

在馬尼拉的某日下午，六十多歲的華人老闆把一位菲籍的員工叫過來，請他一起喝下午茶。然後苦口婆心地奉勸此君，工作態度要更積極努力才會成功，並分享了他個人艱辛的成功奮鬥史。他瞇著眼、十分陶醉地沉浸在過去的成就裡，並得意地娓娓道來：「當年不到二十歲的我，從唐山（中國）到呂宋島（菲律賓）時，不但身無分文且居無定所，還必須靠撿破爛爲生。」

菲籍員工好奇地問：「那後來呢？」於是老闆繼續在時光倒流

中細說歷史，諸如他是如何努力、刻苦耐勞和省吃儉用，才能把每分錢都存下來，變成今日的富翁。

一開始他只能寄人籬下，且常處在飢寒交迫的困境裡，但他仍努力認眞地當學徒，直到三十歲後，好不容易成了家，才有機會開始學做生意。後來也幾乎耗盡所有的青春歲月和精力，終於在四十歲時，讓自己當上了老闆。

於是他又繼續更拚命地衝刺，直到五十歲，總算把工廠建立起來，但當工廠開始生產營運後，才發現問題出乎意料之多，幾度因品管控制及周轉困難差點關門大吉。

好不容易熬到了六十歲左右，才終於建立了品牌，並讓工廠的生產線全面穩定，於是五年後開始大量接受海內外的訂單，不但做起國際貿易，更位居國內產界的龍頭地位。

這時聽了老半天的菲籍員工，終於忍不住地插嘴問道：「老闆，那你這麼的辛苦，所爲何來呢？」老闆乍聽之下，表情頗有些許不悅，彷彿自己在對牛談琴，還莫名其妙地被倒打了一耙。

於是略帶情緒化且不屑的神情，訓斥對方：「就是歷經如此的千辛萬苦，我今天才能輕鬆地在這裡跟你喝下午茶呀！」沒料到菲籍員工聽完後，表情茫然地聳聳雙肩，然後微笑而坦率地說：「可是我什麼也不必做，不也是在這裡喝下午茶嗎？」以上這種案例在菲律賓比比皆是，儘管老華僑們已在菲律賓討生活過了大半輩子，但大多數仍以利己爲出發點，很少願意更深層地去瞭解菲人的民族性與生活態度，若知道他們的習性，大概就不須如此大費周章地說服或教訓別人了。

只求快速達標，忘記生活的本質

就像多數的臺灣人不能理解，爲何歐洲一些像法國、義大利、西班牙、希臘等國家的人，吃頓飯要花掉兩、三小時的光景，甚至永遠都不能理解對某些人而言，吃飯不只是塡飽肚子，也不僅僅是爲了交際應酬，而是享受食物與心靈的交流。

反觀臺灣人從小到大、從早到晚似乎都在「快」字的催促中掙扎著：像快起床、快洗臉刷牙、快吃飯、快上學、快洗澡、快做功課、快去睡覺，似乎除了死亡之外，所有的一切都在「快速」中，把應擁有「慢活」的文化氣質給流失了。

事實上「吃」是一種從口慾延伸出來的文化，也是一門藝術，臺灣雖被譽爲美食天堂，但臺灣的家庭普遍並不重視吃的文化，也缺乏餐桌上的禮儀，像餐巾、碗盤的擺飾，使用公筷母匙的衛生習慣，以及咀嚼食物時，自小就要訓練不能張口露齒，也不可隨意打嗝、剔牙和中途離席等，家庭文化就是要從小養成，否則也要有自省的能力並改變陋習。

我從小就習慣用餐時，依循傳統及嚴肅的禮儀：全家人都須一一入座，只要父親拿起飯碗後，全家人就可跟著開動。等到我有了自己的家庭後，漸漸改良這種傳統，而學習外國的作風。用餐時，餐桌上只要還有人未放下碗筷餐具，繼續在用餐時，就不能有收拾碗盤等動作，否則不但會破壞氣氛，更會帶給仍在享用者無形的壓力；必須等到最後一位終於用完餐，要改上水果、甜點和咖啡或茶前，再確認一次後，才能開始收拾殘局。當桌面收拾乾淨後，一旦換上水果、甜點，咖啡或茶時，又是營造另一個飯後可以更放鬆、更自在且暢所欲言的氛圍。

我常勸主婦們，不要太介意或急著洗那些油漬的碗盤，反而是要加強如何營造家庭和諧快樂的用餐文化，以及建立家庭成員分工合作的機制。當全家和樂融融，丈夫和子女都會積極主動並樂意協助、代勞家事，否則一面做又一面埋怨，當家人習以爲常後，也就只當耳邊風了。

「天下一皮無難事」的精髓

菲律賓的氣候，一年只分爲乾季和雨季，而平均氣溫都在攝氏三十二度左右，最低不會低於攝氏二十八度，而最高溫甚至可達近攝氏四十度。因爲從來沒有冬季，所以菲人常自嘲地說，只要有條牛仔褲和兩件T-Shirts，菲律賓的窮人就可以保暖和應付一生了。

他們勞工的工作時間，自七〇年代就跟

美國、西方國家同步，採週休二日制，領薪的方式則多半是週薪，由於一般家庭人口多而負擔重，因此常處在寅支卯糧、入不敷出的窘境，經營者經常會碰到員工在星期五才剛支領過薪水，隔不到幾天，很可能下個星期一、二，就會開口向雇主預借薪資的情形。

爲了借錢，祖母死了好幾次

我曾經有位男性員工叫Rudy，經常會選在週二的一大早，跑來跟我說，他希望能夠預借薪資，有一次我不禁好奇地問他：「你不是上星期才預支了薪水，說是你的祖母去世，你需要寄錢回故鄉嗎？怎麼這個星期又要再借錢呢？」

結果他不好意思地搓搓雙手，然後靦腆地低著頭說：「老闆，妳有所不知，上星期是我祖母死掉，而這星期死的是我的外婆。」

事後，我還發揮了同理心，跟他的主管Nestor 聊起此事，希望他能夠在其屬下連續遭遇如此不幸的家庭事故時，多給予關懷與溫暖的體恤。哪裡知道我才剛講完，一向冷靜的Nestor竟然從座位上莫名地彈跳起來並漲紅了臉，氣急敗壞地跟我說：「唉呀！這傢伙利用了老闆您的善良，他的祖父母早就不在人世間了，我太瞭解他了，他為了借錢養活他的大小老婆和外面新結交的女朋友，其祖宗八代早已經不知道死幾百次了。」

沒想到表面上一副忠厚老實的Rudy，居然是為達目的不擇手段的說謊者，最不該的，竟然可以百無禁忌地連祖先也拿來詛咒，當我再度質問Rudy時，他的回答竟是：「逝者已逝，再思念也沒有意義，若能利用他們的再生讓子孫過得更好，才是合乎環保的意識。」我除了一時語塞外，不得不服了他耍賴到底的本事。

把起司（Cheese）看成雞絲（Chicken）

菲律賓的國會，除了外型設計保有自己的風格外，實質內容的軟硬體設備原則上都是仿效美國，也分參衆兩院制，議會殿堂很氣派，開會期間即使只是提供各個委員會使用的休息室與用餐的擺飾，均接近五星飯店的標準。

某天在因緣際會下，我與菲前國會議長的長媳都被邀請擔任公益機構的董事，加上我有餐飲管理的專業背景，因此有機會標到國會餐飲的經營管理權，而以下這個故事也是與Rudy 有關。

記得有一次，馬可仕前總統受邀到國會演說，由於安檢層級提升，加上國會上下的工作人員均得待命，因此國會買單訂了一百份三明治。

負責外場的經理Nestor接到訂單後，馬上送給負責廚房內場的主廚Rudy，菜單上明明寫的是Cheese and Ham Sandwich（起司火腿三明治），但他卻可以把起司（Cheese）看成雞絲（Chicken），因此在完全不符合成本的原則下，等於做了白工。

事後在責任追究的檢討會議上，Rudy不但不承認錯誤，反而挖苦說是Nestor的英文太差，亂寫一通才讓他看錯，還當著我的面大言不慚地數落就站在他身邊的Nestor說：「我不是早勸過你要好好讀書嗎？你看現在終於知道什麼叫做書到用時方恨少了吧！」讓一旁啞巴吃黃連的Nestor 氣得脖子青筋暴浮、雙手拳頭緊握，一副要痛扁他的樣子。

若繼續再責罵他，也只是徒勞無功，因爲他接下來就會更嘻皮笑臉或矯揉造作地說：「我們小人物一聽到總統就嚇壞了嘛。」或更誇張的演出「來吧！只要能夠讓你們心情好過，縱使踩過我的屍體（tread over my dead body）都沒有關係，何況我與上帝同在。」

如果你實在眞的氣不過了，欲下令叫他立刻滾蛋的話。必要時他也會更改策略，誇張地用起哀兵和緩兵之計：「老闆，您確定要如此做嗎？那我的大小老婆和兩個小三還有六個孩子，可能就要拜託您來照顧了，再說我還年輕嘛，至少還有超過半世紀的時間能夠來改進，請不要放棄我，再給我機會好不好？」俗話說得好，「天下一皮無難事」，在他身上簡直是典型的樣版。

桌上鮮花，竟偷採自國會花園

有人說，菲律賓人熱情卻無情，但Nestor和Rudy倆人，都是讓我打破此刻板印象的見證。雖然說管理國會餐廳並非我的正業，但我每天還是會抽空去巡視一下。有一天我意外地發現，原來每天早晨擺在我辦公桌上的不同鮮花，竟然都不是出自女祕書之手；反而是Nestor命令其屬下的二十多位員工，輪流排班，大清早趁國會尚未開工前，就偷偷溜到花圃裡採摘，難怪我老覺得花兒的樣子有些眼熟，原來全是借花獻佛偷來的。

當一九八六年馬可仕總統突遭政變被迫逃亡夏威夷時，國會主動關閉，而我們也結束了營業，於是我特地安排Nestor到華人好友開的超市上班。事後此好友跟我豎起大姆指說：「想不到妳這個臺灣女人比我們本地華僑做人還成功。」我一頭霧水，他才又解釋說：「妳知道嗎？當Nestor報到的第一天，就跟我聲明和宣告說，只要妳有需要，他就會立即請辭歸隊。」

可惜菲國遭逢政變後，我個人也遭遇到家庭的驟變，變成單親後返回臺灣定居，從此全心投入為公益而努力，因此二十多年來再也沒有機會見Nestor。

至於Rudy，在菲律賓一九八六年面臨政變後，經由我透過朋友的關係及推薦，讓他得以到中東的阿拉伯國家擔任飯店廚師的工作。兩年過後，他利用回菲律賓省親的機會，居然還專程來探望我，最妙的是，他不是送我化妝品或酒，而是送一特大瓶裝的日本「萬」字牌醬油。他特地跟我強調，一路上不論是登機、轉機，直到下飛機，他都親自用手提著這瓶醬油，怕打破了（註：八〇年代搭飛機，液體隨身不受限制）。也許有人會笑他蠢，或者覺得只不過是瓶醬油罷了，但對我而言，感動之情卻如沾了會回甘的醬油，點滴都在心頭。

一場喜酒包了兩份禮金

有人說「辦喪事難，而辦喜事煩」，我則是吃喜酒也能出糗。

記得二十多年前，我尚未擁有如今的小知名度時，開課授起「如何建立和諧的兩性關係」的團體成長班。

說好一起去，卻被放鴿子

開課不久後，即遇到一位女性新進學員，宣佈她要結婚的喜訊，但可能由於大家彼此的交情還不夠，因此班長私下跑來問我是否會去參加喜宴？如果我會去，那麼其他的學員也都會去。因為據說這對新人並未受到雙方家長的祝福，甚至已鬧到十分不愉快，所以新娘子希望我們都能去為她捧個人場。因此我鼓勵大家，陌生的人際關係都是在一回生、二回熟的互動交流中建立的，何況參加婚禮可以多沾些喜氣，何樂不為？

那天我特地從外地趕回並盛裝打扮一番，卻因為市區嚴重的塞車，好不容易地抵達喜宴的會場，匆忙中趕快先送上了一個賀禮的大紅包，等定下神來觀看一下四周，才發現新郎新娘進場的婚禮儀式已進行完畢，宴席也已開始上了好幾道的菜餚，在酒酣耳熱而人聲鼎沸的氛圍中，幾乎沒有人理會的我，只好自己默默地找個靠近大門處的位子安靜地坐下。

但這些挫折都還不打緊，最令人說不出的失望，竟是班上的學員全部都放了我鴿子，幾乎無人出席。這也是我第一次深深地有所感慨，宴席在喧譁中周遭都是人，從表面看來一點也不孤單，但卻無一是知己，所以我的內心其實是很寂寞的。

勉強與一桌素昧平生的客人們吃了幾道佳餚後，心忖喜宴也已快近尾聲了，不如趁新娘子還沒出來送客前，三十六計走為上策，先離席算了，因為遲到已經夠失禮了，但若讓她同時發現學員也都沒有人來參加時，豈不是會更難過嗎？再說我這個好為人師表的顏面也不知道該往何處擺？

原來自己跑錯場

不料才剛大步地走出婚宴禮堂，立即迎面傳來呼喊聲，定神一看，竟然所有的學生全都姍姍來遲，一個也不少。

在我尚未發飆之前，她們竟惡人先告狀地反咬我一口並埋怨道：「哎呀，黃老師，您怎麼可以放我們鴿子現在才來？您知道嗎？

婚宴上好多人噢，新郎和新娘的親戚們都在找您耶。」聽完，一頭霧水又理不出頭緒的我完全說不出話來。

但就在這時候，突然其中的一位學員趕緊拉著我的手，向後轉並一面急著催促說：「喂，大家趕快再回去會場，跟老師和新人再一起拍照吧！」

原來一切的誤會都是我自己造成，匆忙中竟糊裡糊塗地跑錯了結婚禮堂，又吃錯了喜宴，更送錯了紅包，還理直氣壯的一直在責怪別人。

待眞相大白後，在大家覺得紅包送得有些冤枉的情況下，竟然慫恿並鼓勵我應該要去討回那份厚禮金，可惜我做不到。但基於禮不可廢的原則，該送給當新娘子學員的大紅包，依舊少不了，在當天就立刻補上。

四不一沒有的生活原則

我的性格一路檢驗到目前爲止，發現自己還是不夠謙卑，常犯下把固執當堅持，把主觀當自信的毛病。

當人們因爲自己過分主觀到近乎固執的性格影響之下，即使是眞愛，也會對別人和自己造成壓力與負擔，對於這種不自覺的觀念與行爲，通常還會找很多的藉口來搪塞或自圓其說，其中包括正常生活習性的養成與健康觀念的扭曲。

生活要樂在其中

因爲我是外婆帶大的，所以從小我就從阿嬤口中學習到「棺材裝死不裝老」、生死均有命，且「能吃、能睡、能通便，就是好命」的簡單生活哲理。因此在我的人生觀裡，所謂的達觀就是生死要能看得開，凡事不必太強求，要努力但也要順天意，臺灣人至今仍普遍存著「吃乎死卡好死無吃」（寧可吃死也不願死而沒得吃）的漫不經心，這種觀點對醫學或營養學家們而言，或許不但不能苟同，簡直與太歲頭上動土沒兩樣，是拿生命開玩笑，但對我而言卻是生活樂在其中的一個法則。

好友們都知道我「四不一沒有」的生活原則，也就是一般人眼中，既不衛生又不健康的生活態度。我所謂的「四不」指的是不運動、不節食、不保養和不做愛（前提是更年期過後功能猶在唯獨興趣缺缺），而「一沒有」則指因做公益故沒有錢（源自對陳水扁二〇〇〇年第一任總統時的文告：不統、不獨、不武、不改國號以及沒有憲改的揶揄）。

運動減肥常失敗

人們不愛運動的原因，其實有好幾種，第一是懶惰的成分居多，第二是缺少陪伴而減少動力，第三當然是還沒有威脅到生命健康的嚴重性，第四則是缺乏堅定的意志力。

運動本身就具有養成慣性的成分在，優秀的運動員哪一個不是經過日積月累持續不間斷地訓練而有成，而且必須在辛苦的過程中，一而再、再而三地鞭策自己要成功，不得懶惰和放棄，一直達到目標爲止。

爲什麼有太多人嘗試減肥，但終究都失敗了，關鍵在於既無生活不便的必要性，也沒有生命受到威脅的迫切性，而動機常是讓人類看清自己的重要元素。

話說有位胖子進去一家速成減肥中心，廣告寫著：美金十元可減十磅，美金五元可減五磅。由於不知效果會如何，他選擇了五元的，於是胖子被帶到一個很大的體育競技廣場，四周都沒有任何人，忽然間在一門閘處跑出一全裸的美女，胸前用一塊木板擋住，木板上面寫著：「只要能追上我，我就屬於你的。」胖子腦筋一動，才花五元的美金就有這麼好的待遇，那如果花十元美金豈不更精彩，於是跑出來跟減肥中心的人交涉，說他要改換減肥十磅。

當他再度重返廣場時，沒多久另一門閘開放了，但跑出來的卻是一隻大猩猩，牠的身上也掛了一塊木板，只是木板上面寫著：「只要我能追上你，你就是我的。」胖子好不容易終於逃脫出廣場，當他往中心的磅秤一站，果然一分不少，正好減輕了十磅。

我個人不愛運動的理由除了懶惰外，還缺乏引誘我想運動的眞正動機，因爲我從不相信光靠運動就會健康，而健康又必定會長壽的道理，我看過太多整天運動結果死於意外的個案，相對地，我也看到不少身體健康，但因心理不健康，憂鬱自殺死亡的例子；相對地，心理健康而身體殘缺或慢性病纏身者，卻也能活出一片天，何況世上多數的人瑞幾乎都非運動員出生。

諸如武則天雖然統御天下，但她出門都是坐轎子，少有機會運動。慈禧太后更是裹小腳寸步難行，至於宋美齡她也懶得運動，且到老都還穿高跟鞋（雖然有人指正我，她自己不運動，但至少有聘請專人替她按摩指壓替代運動）。姑且不論她們的歷史地位，至少這三位不同時代的女性菁英代表人物都是很少運動、無法運動和不喜歡運動。

但結果呢？武則天活到八十幾，慈禧七十幾，宋美齡則一百零六歲。而我的身分、地位雖然不能與她們媲美，但好歹歲數也已坐七望八不算夭壽了。

人類爲了長壽一直都是在當科學研究的白老鼠，一下子專家鼓勵大家要快跑，後來又說快跑不好，要改慢跑，等大家又一窩蜂跟進後，才發現快跑、慢跑皆不宜，應該要快走或爬山才好。然而前一陣子又有專家出來說，其實爬山傷膝蓋，而快走易傷腳踝和腳底，應該是慢走才最適合人體結構的運動，並告誡慢跑或快走因呼吸急促關係，造成口腔缺少口水分泌，易造成齲齒……

簡直是父子騎驢不知如何是好！因此，我寧可採「盡信書不如信自己」的生活原則。何況人非馬不用跑太快，人也非猿何必整天吊單槓？人不過是兩隻腳的豬，只要隨遇而安即可。

健康之道難以做到

我的一位醫生好友，其名言就是：「照我說的做，但不要做我做的。」因為他跟我一樣同屬於「明知山有虎，偏往虎山行」的頽廢族。雖然不止一次地被親朋好友們警告說，以我的身分也算是號公衆人物，就應該要負起部分社會的教化責任，而不可以自私地全依個人的好惡，或偏頗幾近極端的思維來煽動或影響他人。事實上為了我的健康著想，持有這種見解的諍友們，我均能以愛屋及烏的心情給予感激，但問題的癥結則是我實在做不到。

因此碰到這種情形時，我通常就會趁機把戰國春秋時代，坐懷不亂柳下惠（生前名展禽）強盜弟弟盜跖的故事（見《莊子．外篇．胠篋第十》）拿出來賣弄，並達到自圓其說的目的。

話說從前，夏桀的忠臣關龍逢最後被五馬分屍，商紂的忠臣比干最後被挖心，伍子胥被殺，屍體棄江任其腐爛；如此賢明的四位人物也免不了招來殺身之禍，於是盜跖的部屬問盜跖說：「盜亦有道嗎？」

盜跖說：「怎麼會沒有呢？你不要小看我們當強盜的人，其實當強盜也不簡單。我必須要憑想像，去推測我所要強擄的對象，其家中有多少金銀財寶，這種能力只有聖人做得到，並非一般凡夫俗子可以幹的！我進去搶東西時，必須走在前頭，表示我很勇敢，搶完東西離開時，我則走在後頭，因爲我有義氣，而東西搶來後要分贓公平，這是仁愛的精神。而搶奪之前我必須計畫、偵察、安排等策略，要有智慧才能做判斷的。一位武將的武德是智、仁、勇，但一位強盜還需具備聖、義兩德，所以盜亦有道。」

父親的幽默陶冶，受用一生

每個人在不同的時間點，遇到的一些糗事，不論是令人啼笑皆非還是欲哭無淚的，對我個人而言，或多或少都帶有些黑色幽默的成分在，既是人生歷練中難得的素材，更能提供自我省思的機會，且往往終生受用。

父親是屬於悲慘世界中悲劇的英雄人物，而他的幽默感，對於我的人格發展有很深遠的影響力。他教會我們，要用幽默的角度去看事情；他說，幽默不是鄉愿的妥協，更不是尖酸刻薄的批判。他認為用幽默的態度來自嘲或諷刺人世間的生活百態，是需要有智慧的想像力，不但要比阿Q的逆來順受更有尊嚴，而且要比修行的人更有創造力。

明信片家書

父親話不多，用字遣詞更是簡單扼要。他最常對我們耳提面命的就是「言多必失」。唸大學時，我在外地住宿，同學們經常都會收到好幾頁洋洋灑灑的家書，但我收到的永遠都是明信片一張。我也曾嘗試著用「山不過來我過去」的策略，企圖給父母寫幾封文情並茂的長信，希望影響或感化他們與我禮尚往來。

由於母親從來不親自回信，都是由父親全權代勞，偏偏父親又是個既不囉嗦又十分節省的人，他認為親情之所以可貴，其中重要的因素之一是「盡在不言中」，家書既然非官方正式公函，又何須浪費紙張，對他而言，顯然一張明信片就可搞定的事，沒必要矯情地把信寫好後，又得買信封再貼上郵票寄出。如今回想起來，還不得不佩服他老人家的行事風格，簡直就是現在的Line了。

記得有一回，透過長途電話得悉母親重感冒且病得蠻嚴重的，於是不放心地寫信回去關心。結果一個星期後才收到父親寄來的明信片，想像中，此次的明信片至少內容應該會含括些與母親病情、診斷、治療和成效等相關的描述才是，豈料收到父親的回信卻全文如下：「母癒勿念，保重！」扣除逗號仍是六字箴言。

但也因爲如此，害得我在宿舍裡，我的家書竟然變成了衆人的通書，由於父親的來信字數總是掌控在二到十五個字之間，因此宿舍裡的好友們，還曾拿來揶揄、打賭。甚至還有同學認爲父親太酷了，而效法之，也嘗試用明信片寄給她的父母，上面寫著：「女十分拮据請快接濟」，結果除了被其雙親痛斥一番外，還認爲太沒有誠意，於是也回了封明信片，上面寫道：「請向政府單位或慈善機構求援」。

用幽默化解調侃

記得有一次，四弟返鄉探親，看到曾經被譽爲政壇老將的父親，退休後竟變成了家庭主夫和老宅男，不再過問國家、社會大事，反倒忙進忙出，只爲了主中饋。他看不過去，於是趁父親出去買菜時，在牆上的白板寫下「自閉症」，來揶揄父親。

不一會兒，父親從外面返回家中，看見白板上斗大的三個字，他一點也不介意，笑笑地拿起筆，只把「自閉症」中的「閉」字，抹去其門中的「才」字，而改成「市」字，就變成了「自鬧症」。然後跟四弟說：「這就是你的症狀。」一向辯才無礙的四弟看完哈哈大笑直說：「到底薑是老的辣。」

歷盡風浪，學會樂觀不如達觀

經常會有人問我要怎麼做才能像我一樣樂觀與幽默，眞是大哉問也。其實我的童年時期物質方面雖然不匱乏，但並不表示生活過得無憂無慮。我的一生跟絕大多數人一樣，都是在跌跌撞撞中自尋能站穩的平衡點，再分別出發接受新的挑戰。

我始終相信面對大環境，以個人的力量或許無法撼動，但自己的心境卻是可以調適的，只要能夠不在金錢遊戲或感情糾葛中執著，也許就能體會出什麼叫做「退一步海闊天空」的意義。

樂觀悲觀一念之間

樂觀者，除非是能用科學證明出自天生，否則往往多是從小在一個樂觀的環境中長大，或是因爲曾被悲觀主義折磨後的覺悟，總之樂觀是種生活態度。悲觀的人看不慣樂觀者的不知死活，而樂觀的人則嘲笑悲觀者的自尋煩惱，年輕時因爲對人生的價值觀還沒有找到信仰或目標，難免會在徬徨的心情中掙扎。

但只要經歷過大半人生的風浪後，慢慢地就會發現樂觀與悲觀居然和善與惡一樣，都是一念之間的差異，而如何抉擇是掌握在自己手中。

我記得丈夫遭綁架歿亡的那一年，我才四十歲，變成了單親帶著三個小學都還沒畢業的兒女，除了心碎外，那種措手不及的突變帶來無法吞嚥的痛苦，非親身經歷者不能感受。

當我悲傷的情緒一再地陷入無法自拔，甚至因身心俱疲而呈現恍神狀態時，幾乎封閉了所有的人際關係，連兒女的存在也忽略了。他們除了無助且害怕地縮在牆角彼此取暖外，我的每根神經都牽動著他們的心跳。在抑鬱和低潮的心情下，不但在夜闌人靜的時候曾後悔過生下他們，甚至也想過全家一起輕生自殺算了。但每次和子女相擁而泣時，總看到他們一張張分不清是淚水還是鼻涕的稚臉，聲聲哀嚎乞求著：「媽媽，您不要死，您不能死，您死了我們怎麼辦？」

置之死地而後面對現實

記得在一個風雨交加的夜裡，我準備好紙張寫遺囑，打算分別把孩子們送給親朋好友撫養，然後吞食大量的安眠藥自殺，就在一面掉淚一面寫遺書的時候，突然聽見睡在身旁孩子們的夢囈，此起彼落一聲一聲地呼喊著媽媽，我脆弱的情緒再度崩潰地抱著枕頭大哭，等到哭累了才發現孩子們原來連在夢裡都哭得比我還累，竟然沒有被我牛嚎般的哭聲吵醒。

當下我洗把臉後，在窗前一輪明月下撕掉所有的紙張，並告訴自己一定要完成撫育和教養孩子的責任，沒有因此放任和縱容個人情緒的權利，唯有振作地打起精神勇敢地面對殘酷的事實，才有能力挑戰未來的艱辛。

於是我給自己訂下六個月的時間，用來紓解負面情緒及埋葬所有的夢魘和陰影，並開始記錄我與孩子們每天都在進步與改善的心情日誌。

事實上，父母對於子女的影響，身教還是比言教更重要。我發現當我的行爲與態度開始變正常後，孩子們也漸漸脫離心理的恐懼，再度出現天眞無邪的健康本質。一個半月後，我竟然可以不需服用安眠藥，也不必含淚入睡了；在這段心情調適過程中，眞正應驗了爲母則強的力量，而我也能因應未來單親家庭的處境，讓自己邁向全新的里程碑。

PART 2

這個趣味盎然的世界

旅行、八卦、鬼故事都像是生活中的調味劑，無論是我的朋友或父母都有著一籮筐有趣的故事，有些是我親身經歷，有些是我聽說的都市傳奇，有些心有戚戚，有些匪夷所思，但卻是最真實的生活！

球賽中的啟示

星期日晚間一直到深夜，我在家看華視二〇二二ＦＩＦＡ世界盃冠軍戰中，阿根廷對戰法國的現場轉播。我相信很多人跟我一樣，認爲這是在卡達的比賽中，最激烈、也最精彩的一場世界大對決。

梅西傳奇吸引力

比賽前段，阿根廷以二比〇勝法國隊，後來進入雙方以三比三平手的延長賽，再到最後的ＰＫ賽。ＰＫ時，由梅西首先將球射入，振奮了阿根廷隊的士氣，球隊員也接連射進了三球，最後阿根廷隊以四比二，獲得此次足球世界盃的冠軍。

事實顯示，梅西帶著整個球隊往上提升，不僅完成了阿根廷全國人民的期待，同時也爲國家爭取到三十六年後的勝利與世界矚目的榮耀。

出生貧民窟，身高只有一六九公分的梅西，雖然這是他告別世足賽的最後一戰，但其個人的成就與大滿貫的紀錄，將會成爲足球賽場上的歷史傳奇。

賽前大家都看好法國隊，法國總統馬可隆還親自到現場鼓勵球員，但事與願違。比賽結束後的頒獎典禮上，阿根廷隊分列兩邊，並用掌聲歡迎落寞的法國隊從中進場，雙方球員仍有互動與回應，充分表現了運動精神。

當我看到梅西帶著靦腆的笑容，得意親吻手中的金球獎盃，並與球員們喜悅的跳躍歡呼時，我由衷地跟著樂了，雖然已經凌晨兩點多，我依舊興奮難眠，寫下此次的心得。但願臺灣政府也能夠更重視全民體育的重要性、必要性和迫切性。

運動與健康關係密切

母親從小常開玩笑說，別的小孩子是含金湯匙出生的，而我則是靠藥罐子長大。因爲從小體弱多病，所以特別羨慕其他人能毫無顧忌、活潑亂跳的玩耍。因此，到了上學的年齡，個性活潑的我就開始招兵買馬、成群結隊的利用下課時間，爬到樹上偷採芒果、芭樂和蓮霧。

由於一九四〇年代的我們，根本沒有什麼運動的專業知識，更遑論時下流行的上健身房運動，也沒想過運動的目的，居然能與養生及健康直接畫上關聯。

當時所謂的全民運動，不外乎就是中、小學生利用晨會升旗以後，在體育老師的帶領下，透過大喇叭放送健身操的音樂，整齊劃一的，做個十分鐘的手腳伸展體操，就算是政府推動對全民健康有益的政策了。

因此，除了政府單位或學校正式舉辦的大型運動會外，「運動」一詞在民間的語言上，幾乎就是和「勞動」混淆在一起的綜合性名詞，甚至後者比前者還具有社會的經濟效應。當時若要發揮運動精神，就必須透過各種比賽的方式來表達，也唯有爲了參加比賽，而受到專業栽培的運動員，才能夠代表運動的眞諦。

我小學的成績優異，但因爲參加了踢毽子比賽，結果考試成績從前三名掉到到十五名。回家以後，母親不但不會因爲我踢毽子獲獎而給予獎勵，反而因爲名次跌到十五名，被痛斥一頓。

在那個仍無法跳脫「萬般皆下品，唯有讀書高」的窮困年代，讀書就是脫貧的捷徑之一，因此喜歡運動或考上體育系的人，往往都不被社會或企業界重視，甚至對於在這方面表現特別優異的原住民，像紅葉棒球隊等，即使他們已經代表國家爭取到國際的榮譽，他們的職業仍然不受重視，甚至從球場退役後，還要面臨職場的排斥與失業後的歧視。

藥罐子也想馳騁球場

因爲我很喜歡看籃球賽，因而中學時，我曾經想要報名參加籃球校隊，當時的體育老師獲知此事時，想必是憋住不敢笑出來，因爲面對身高只有一五五公分的小矮子，明知其動機單純到極點，卻也不忍心潑冷水。於是，他當下鼓勵我不妨先當場邊的後補，一面技術觀摩，一面替球員加油打氣。

等我長大踏入社會，來到了臺北大都會，開始眞正接觸到職業籃球隊的比賽時，才發現什麼叫做「場邊的後補」，我根本連啦啦隊的資格都高攀不上，因爲要當啦啦隊，除了顏値好、身材好，身高至少也要一六五公分以上。這也才眞正的理解，當年體育老師對我的慈悲與憐憫。

寫到這裡，大家應該可以猜到爲何我特別欣賞梅西了吧？這位阿根廷國家足球隊員梅西的傳奇故事啓示了我：人生的成功，不是只靠身高來決定。

旅行中的墨非定律

記得早年我與一群朋友相約隨團到歐洲旅行，因爲大家都是第一次到這麼多國家出遊，總會有些不放心，但幸虧其中有位好友做事非常周全，因此只要是她找的旅行社都讓我很安心。

但是會發生的終究還是發生了，因爲隨團的年輕導遊仗著自己畢業於臺大，外文又好，所以態度相當傲慢且不友善，但大家都盡量不與他計較地忍耐著，彼此卻也心照不宣地想等他犯了大錯後再來修理他，因此一路上還算相安無事。

臨危受命當導遊

可是過沒幾天，到了英國要轉機飛往西班牙時，當時號稱臺灣數一數二的旅行社，加上臺灣首府大學學歷的導遊加持下，竟然也會出現轉機訂位有誤差的問題，全團四十多位團員必須被拆開成兩個梯次，搭乘不同班次的飛機前往目的地，在臺灣導遊與駐英國當地負責接送臺灣團的工作人員竊竊私語一番後，他們兩人來找我私下商量，問我是否願意幫個忙。因爲這個意外的發生，被大家逮到了回敬的機會，幾乎所有的團員均拒絕分批登機以示抗議，唯獨我排除衆難，以墨非定律的概念勸導大家，反正會出差錯的總是會出差錯，但既來之則安之，否則豈不前功盡棄了嗎？

於是我臨危受命充當臨時導遊，先帶二十位團員完成飛往西班牙的使命。飛機安全抵達西班牙後，為了避免又發生狀況，於是在入關移民局時，我請同行的團員配合，把每個人的護照從旅行社發的塑膠套子裡取出，並打開第一頁，然後依照現場排隊順序一本一本地由後往前疊上來，最後由我捧著一大疊的護照走到移民局某一位女性官員的窗口，當她翻開我們的第一本護照時，我趁機用英語跟她拍馬屁地說：「Madam，妳知道嗎？妳是我們團員在這次歐洲旅行中公認最漂亮的移民官。」她先是愣了一下，隨即驚喜地回應說：「真的嗎？謝謝。」緊接著再也沒有仔細翻閱其他任何一本護照，直接把官方認可入境的印戳，一本接一本地蓋完，並祝我們旅途愉快。

到了海關領行李時，我則商請團員中的壯丁們，從轉盤上把大家的行李取下，另外拜託四位女性團員負責清點行李正確的數量，最後請團員們分別確認後自行領取，再放上行李推車，順利地走出海關。

由於全團無人懂得西班牙語，只好再由我出面與當地遊覽車司機交涉，利用肢體語言和比手劃腳的方式溝通，終於讓司機安全地把我們載到一家已預訂的中餐廳用膳。

用完餐後，在餐廳老闆的協助下，替我們翻譯，要求司機把遊覽車開往當晚住宿的飯店。沒想到花大錢旅行，最後還得自己通關和扛行李，抵達飯店時夜已深了，加上大家又折騰了一天，部分團員早已按捺不住性子，負面的情緒陸續爆發出來，就在飯店的櫃臺前，大家爲了房間安排而有歧見，再怎麼貼心的服務還是會發生「得了姑心失嫂意」等擺不平的小衝突。

一直到有位稍微年長的退休國小校長出面遏止道：「不過是睡一個晚上的事，大家吵什麼吵，最委屈的應該是黃小姐，她跟我們付同樣的錢，她也是團員，沒有她，大家今天來得了嗎？她都沒說話了，大家還在計較什麼呀！」大家才結束爭吵。

隔日，與其他晚到的團員會合後，大家重新出發，而那位犯了大錯而被團員盯得滿頭包的導遊，也帶著感激及些許的內疚面對大家，尤其對我個人的態度，與先前傲慢和隨便的樣子簡直判若兩人。

攀關係成功搶到機位

但就像是中了墨非定律的毒，居然在最後一站的俄羅斯，準備返國前，在轉機的過程中又出現了問題。這次不是飛機的機位人數出狀況，而是我們整個臺灣團原訂的班機和座位，突然無預警地被韓國某個旅行團移花接木取代了。

如此一來，不但必須在機場多待好幾個小時，接下來的行程恐怕也會大亂，而臺灣原先的導遊早在德國時就與我們分道揚鑣。因此在國外機場的候機室內，大夥兒處在寃無頭且債無主的困境下，加上當地的導遊表現出一副莫可奈何和愛莫能助的表情，更是令人火大。

基於先前之例，我又再度被團員拱出來，作爲臺灣團與韓國團前後班機對調的交涉與談判的代表。當我無意間看到航空公司櫃臺的一位女主管，其長相有些像東南亞的亞洲人時，心中浮現一絲希望，我想在東南亞會講英文的應是菲律賓人吧。

上前搭訕的結果如我所料，她果然來自馬尼拉，於是我立刻發揮人不親土親，土不親則鄉音親的原則，趕快抓緊機會，用像發電報式、簡單而無文法的菲語跟她交談，結果竟然令她頗有他鄉遇故知的感動，加上這時候其他團員們也紛紛發揮了團隊的精神，慷慨解囊，把從臺灣帶來的幾盒泡麵、鳳梨酥等特產全掏出來送給她，樂得她簡直笑得合不攏嘴。

不知道是因爲人情味的感動，還是實質賄賂奏效，最後我們仍能按原先預定的班機順利搭乘，只是大家被安排在後機艙座，唯獨她特別給了我一個前面的座位，心中正暗自竊喜終究好人有好報，並想趁機好好地休息一番。等到飛機起飛後才赫然發現，原來坐在我左右兩旁的男性旅客，他倆身材的尺寸都是屬於XXL Size，而我這個迷你Size的，夾在中間簡直像三明治的火腿片。更恐怖的是接下來的漫長旅程中，他們倆一個是勤放臭屁，另一個則是動不動就舉手伸懶腰，狐臭薰鼻。

雖然這趟旅程發生了意外插曲，但是如果沒有以上種種不斷出錯的事件，現在就沒有機會分享這則故事。這次旅行也驗證了墨非定律，然而因爲我相信只要努力就會成功，所以最後才能順利結束旅遊而平安返國。

一切都是上帝的旨意

臺灣人的工作態度，大部分都喜歡獨占鰲頭或獨領風騷，尤其在職場上，工作攬得愈多，表示能力愈受肯定，但相對地，身心遭受到的壓力和壓抑也隨之增大。

安之若素過生活

可是菲律賓人剛好相反，他們的生活態度裡沒有太多的企圖心，只喜歡做單純或簡化的工作內容，薪水待遇固然重要，但若能樂在工作中，又能有一起合作的夥伴最好，因爲對他們而言，人多除了較不孤單外，還可以減輕自己的工作量，反正此處不留人自有留人處，因此喜歡經常更換工作是其職場上普遍的通病，同時也是整個國家缺乏競爭的癥結所在。

事實上有很多人一生只求隨遇而安，並專注學習一項單純的技能作爲討生活的工具，不但引以自傲又能樂在其中，這就是他們敬業的態度。至於其它的時間，則多花在投入家庭或其他人際的交流中，包括喝酒、吹牛、打情罵俏的無聊行徑，又何妨呢？因此若要形容人際關係的網絡密度，對華人而言是一表三千里，但菲律賓人則恐怕是一表好幾萬里了。對於他們而言，互助與分享才是生活的意義。

由於菲律賓人普遍對於工作需求的認知與不夠積極的態度，常會影響工作的效率，但或許菲律賓人眞的也是「墨非定律」的忠實粉絲，反正相信會發生的就讓它發生吧！凡事不用太緊張。

因此他們最常用的口頭禪就是「沒問題啦」、「既然已成事實，你就自己看著辦吧」，加上他們絕多數信奉天主教，因此必要時就乾脆耍賴給神說：「這一切既然都是上帝的旨意，就讓我們一起祈禱吧。」

依他們的簡單邏輯，以及一個命令一個動作的前提下，如果你要指示菲人，尤其是底層的勞工，不能只用口頭交代，否則他們就會發揮創意而隨心所欲。因此必須以身示範，緊迫盯人或反覆地練習，直到合乎標準或要求時，才能真正地達到品管。

即使如此，也還是經常會發生些啼笑皆非的事情，總之在菲律賓過生活，對講究效率的人而言，是訓練耐性最好的道場，否則你將會永遠處在急驚風碰到慢郎中的窘境裡。

啼笑皆非的無奈

除了他們對於工作的閒適心態外，有些事情都已是歷史記憶的封塵，但至今只要回想起這些往事仍會莞爾一笑。

記得有一次，有位美國企業界的朋友到菲律賓進行商務考察，特別接受我們的招待，打算從馬尼拉開車往北，到高山上夏之都的碧瑤（Baguio，又稱松城）度假幾天。

臨出門之前，由於適逢乾旱季節，平均氣溫高居攝氏三十五度以上，因此特別交代家裡負責打雜的女傭，切記每天都要替花園和草坪澆水。

碧瑤的前身是美軍高級俱樂部所在，更是國際知名的觀光景點（一九四九年，自中國撤退到臺灣的蔣介石幾乎不曾出國，但卻曾偕其夫人宋美齡數度到此避暑）。度假期間，據新聞報導，近日內可能有強颱入侵，因怕回程山路可能坍方或受阻，我們只好縮短行程提前返家。四個多小時的車程一路豔陽高照，但就在快抵達馬尼拉市區時，突然驟雨傾盆而下，瞬間雷電交加並昏天暗地。

一行人好不容易安全地擺脫高速公路的塞車抵達家門，豈知打開大門後，車上的人全都被眼前奇怪的情景震住並嘆爲觀止，但緊接下來則不約而同的笑成一團。

原來大家看到了一位盡忠職守的女傭，正不畏強風暴雨，遵守女主人的指示堅守崗位，只見她左手困難地撐著快被狂風吹飛掉的雨傘，右手依舊固執地拿著橡皮水管繼續努力地澆著花草。生活中類似這種啼笑皆非的故事，可說是比比皆是。

另一回則是好朋友邀請我們全家人到他們菲律賓傳統式別墅度假，整座集原木、竹子和椰子樹皮等天然材料合成的建築，屋型的建構也因怕野獸與洪水而架高，由於建材相當天然，感覺格外通風。

小孩子白天在海邊盡情戲水、追逐和玩耍，因此到了晚上，個個都累翻，早早就想上床睡覺。因為海邊蚊蟲特別多又沒有紗窗，於是主人再三叮嚀傭人，別忘了替孩子們掛上蚊帳。搞定孩子們後，大人們就安心地開起方城之戰。

在南島炎熱的夏夜裡，徐徐吹起帶著爽意的微風，又可聆聽近身的海浪潮起潮落，最難得的還是彼此能偷得浮生半日閒，與好友們秉燭夜遊，眞是好不愜意。

麻將正一圈又一圈在輸贏中熱烈地進行著，而輪番上陣做莊的氛圍更是懈怠不得。突然從睡覺的客房裡傳來哭聲，可能年齡較小的孩子因夢魘而開始哭鬧，但不久連年紀較大的孩子們，也都各自睡眼惺忪、面帶痛苦地跑出來埋怨，說他們被蚊子叮咬得根本睡不著覺。

於是女主人質疑地起身去探個究竟；明明事先已經交代過傭人要掛好蚊帳，怎麼還會有大量的蚊子出沒呢？結果答案終於揭曉，原來傭人的確完成掛蚊帳的動作，只是她根本沒有注意到，蚊帳的長度是否有蓋過或超過床面的距離。結果因爲蚊帳的長度不及於床面，所以雖然掛了蚊帳，卻根本發揮不了作用，因爲它是騰空的。此現象倒頗有姜子牙釣魚離水三吋，願者上鈎，不願者回頭的禪意。至於爲何會開方便門請蚊入甕，菲傭除了傻笑和道歉外，她也不知如何是好。

不要在女人面前提到「老」

對於這個世界上的女人，你可以任意地形容或批判，範圍也可以含括女人的智商、長相和身材等。但唯獨在用字及遣詞上，「老」這個字不能隨便說出口。

計程車司機是怎麼了

有一次我搭了輛計程車，開車的司機年紀看起來還滿大的，當我一上車，他就試圖用日語跟我交談，行進中從頭到尾都播放日語歌曲。

當我跟他解釋，我是二次大戰後才出生的，因此沒有學過日語，也不會講日語時，他透過前方的後照鏡，再仔細地瞧了我一眼，然後用著不以爲然的口吻說：「怎麼可能？妳看起來跟我年紀應該差不多嘛！」於是我忍不住好奇而多嘴地反問他的年齡，他坦承自己已經七十四歲了，因爲不想無事做、待在家裡等死，才會借用兒子的證照出來開車。

他不說實話還好，說了反而令我火冒三丈，心裡喊冤，因爲當時的我才五十歲，況且士可殺不可辱，於是完全不顧風度地就藉故在路口的轉角處要求下車；到底是他白目，還是我眞的長得太抱歉了，至今仍然是個無頭公案。

同樣地有次坐上一輛計程車，司機馬上親切地跟我說：「阿姑，妳好！」原來他把我誤認成知名電視製作人周遊女士，我急忙撇淸地跟他說：「我不是啦！」沒想到對方竟然嘻皮笑臉地回說：

「明明就是，免假啊！」事實上被誤認倒也無所謂，因爲她是位傑出的女性，只是她至少大我十歲！難怪有次無意間碰到她本人，她面帶笑容私下得意地跟我說，很多人都跟她說我們長得很像。

小娃兒眼中的「阿嬤」

還有一次我要到三芝的雙連養老院探視雙親，就在捷運停靠士林站時，有位年輕的父親，右手抱著年約三、四歲的小男娃進入了車廂。雖然他的左手緊緊握住車桿上的環扣，但抱著孩子的手臂下，卻還吊掛著兩個裝有東西的提袋，顯然不但吃力並很辛苦地在撐著。我沒辦法視若無睹，所以起身讓位，當這位父親坐下，並讓孩童坐在他的腿上時，馬上很有禮貌地低頭教兒子說：「乖，趕快跟阿姨說謝謝。」只見這個胖嘟嘟、很可愛的小男孩，抬起頭來睜大眼睛很認眞地看了我一下，然後使盡他吃奶的力氣對著我大喊：「謝謝阿嬤。」

由於自己經常會上些電視節目而曝光，因此車廂裡居然還有不少的乘客認得出是我；所以當父親口中的「阿姨」透過了幼兒眼光的檢驗，不但被卸下了國王的新衣，更升級直接變成了「阿嬤」時，惹來乘客們的一陣陣竊笑。

剛好我要去的目的地也快到站了，於是我利用下車前，故作幽默狀地面對乘客們笑說：「唉！這裡眞是個無情的世界，我已經被小娃兒創傷了，你們還笑得出來，簡直是刻意地又多補了我一槍，因此我決定放棄不再跟你們一起了。」說完轉身就準備下車。

但就在車門快要關上的剎那間，背後更清楚地傳來有人針對我而喊道：「黃老師，妳雖然老了，還這麼古椎（可愛），我們眞的很愛妳噢。」更紮實地從背後再捅了最後一刀。

錯把大姊當作媽

雖然我比四弟大了九歲，照理說也不至於當我代表父母去臺中成功嶺探望他時，居然老遠就聽到他軍中的同袍高喊著：「越宏，你媽來看你了！」輪到五弟越超再去服兵役時，同樣是在成功嶺，我也是代表父母的角色去探視，結果因爲車輛管制的關係，明明是公用道路，卻只准軍方車輛進出，一般百姓的車則被擋在外面，頗有「只准州官放火，不許百姓點燈」的官僚特權，因此我跟他們在據理力爭的過程中，與管理出入營區的守衛起了點小小的爭執。沒料到守衛的士兵突然用高分貝的音調，沒好氣地跟我說：「喂！這位太太，妳不要以爲只有妳的兒子在當兵，別人家的兒子也在當兵。」當時我的年紀也不過才三十多歲。

更悲哀的在後頭，同一年農曆過年，么妹約了臺北好友們到我們的臺南老家做客，接近晚餐時，家中的門鈴聲響起，我熱情地打開大門表示歡迎，有男有女一大群年輕的夥伴，當他們見到我時，立刻很有禮貌地齊聲鞠躬說：「伯母好，祝您新年快樂！」當場還有人對站在我背後的么妹直接諂媚地拉高嗓門說：「哇！沒想到黃媽媽這麼年輕哦！」害得么妹一面大笑，一面斥責地解釋著說：「廢話，她是我大姊，不是我媽啦。」

類似以上，只因爲天生老氣橫秋的長相，而導致頻頻挫折的情形，只能算是造成心理上不太平衡的內傷罷了，事過境遷還可以自我療癒，但若發生在大庭廣衆及公共場所，恐怕除了無語問蒼天外，又多了份哭笑不得的尷尬，甚至是遺憾。

「糊塗」的界線

在生命的價值中有一個很重要的部分就是，不論年紀有多大，活得多久，都能不斷找機會誠實地檢驗自己；例如做為一個人，你到底為人類付出了什麼？這種自我價值的修正或肯定，不論別人眼中對你的判斷是否正確或屬實，你自己怎麼看重自己才是最重要的。

曾經有位追夢者告訴我，直到有一天他夢碎醒過來，才發現他不是在追自己的夢，而是跟著別人一起在做白日夢。

附庸風雅或太矯情的人生不只累了自己，也會拖垮別人；生活既不是收銀機而生命也不等同加減乘除，因此不妨放寬心，偶爾跟隨鄭板橋所說的「人生難得糊塗且糊塗」。

記錯病房認錯娃

這件糊塗的糗事，是發生在我大學時一群死黨的身上，其中有位好友S因奉子成婚而順利產下一子。當我們一群好友去醫院探望她時，由於她正離開病房去做其他檢查，因此在護士的指引下，我們就直接到新生嬰兒的育嬰室探視。

看到了小傢伙，大家緊貼著玻璃窗，開始無地放矢地發表看法，有的說像爸爸，也有的說像媽媽，更有人已經開始爲他看起面相。總之，大夥兒七嘴八舌好不熱鬧。

就在這個時候，突然間有位我們都不認識的產婦也來到育嬰室，看到我們正針對她的寶貝指三道四時，十分不解並面帶微慍，等彼此問清楚事實後，才知道是我們認錯了小寶寶。

原來我們從一開始就弄錯了S友人住的病房，湊巧兩位產婦又剛好同姓，護士沒特別查證，我們一行人也沒人發現，盲從跟進到底，後來稍微令S感到欣慰的是：我們只是看錯了小孩，不是給錯紅包。

白包送成紅包

有些事情就無法以糊塗作爲藉口。

說到臺灣的人情世故，最不能免俗的交際中，以紅包（喜事的禮金）和白包（喪事的奠儀）的文化習俗最令人傷腦筋了。依民間習俗，喜事禮金要包雙數，喪事奠儀則須奇數，送禮金爲了表示交情和誠意則愈多愈好，但包奠儀則剛好相反，心意到就行了，完全可以理解什麼叫錦上添花和雪中送炭的現實社會。

曾有一位A某人因故不能親自前往悼祭，故託能前往的B友人代墊奠儀的錢，但沒想到B君臨時有事出國，倉促中只好麻煩另一位朋友D替A和B兩人的奠儀一併代勞，電話中D問B要包多少錢？B隨口就回說，「你自己看著辦好了。」

於是D就交辦給公司的祕書代爲處理，結果也搞不太清楚狀況的祕書，卻又因無法親自代勞而交由完全不相干的工友，錯把奠儀當作紅包直接送到喪家而引起一陣譁然。

尤其當喪家沉重地打開兩個紅包時，發現其中一個包的是一路發（NT$1680）另一個則是六六大順（NT$1660）。像這種因缺乏誠意而引起的不必要誤會，恐怕就是跳到淡水河也洗不清。何況死者爲大，即使是多年的交情，恐怕也得就此劃下句點。

禮儀師的惡夢

另一件荒唐的事情，發生在殯儀館。臺灣多數的喪家在辦完家祭，輪到公祭開始時，總會唱名並由一些較具社經地位的人士或代表站上靈前，再依序上香、獻花、獻果及敬酒等不同的儀式。我親眼目睹到某位社經地位頗高的人士，當禮儀師把斟好酒的杯子交由他來向逝者致敬後，不知道是緊張還是一時恍神，他竟然仰頭把那杯酒喝下自己的肚子，引起禮儀師的一臉惶恐。

我的生活裡還是不免會有參加喪禮的機會，但漸漸地我發現，已有不少的禮儀師在追悼的儀式過程中已省略了敬酒，是否因爲常有人如出一轍地犯錯，導致不得不做些調整以免貽笑大方，則無從考證了。

養生之道在個人

近年來，西方強調維生素，所以只要走進超市、藥局及大賣場，從維他命A到Z應有盡有，試想每粒以公克算，而成本不到美金五毛錢的化學合成品，到底會對重量至少也有五十公斤以上的人體產生多大的影響或作用？

而亞洲，尤其是臺灣，近年來十分講究食物的營養均衡，或許是受命理師們在電視上洗腦的影響，導致連醫師、營養師、廚師、運動教練等，也都附和著依五種顏色來取食材。

像鼓吹每天要吃五穀飯、五色蔬菜和五種水果，才能活得健康的概念，果眞如此嗎？但因媒體的力量加上在人云亦云的推波助瀾下，竟然成了新興的健康飲食文化，請問缺乏五色蔬菜和水果的西藏高原和非洲的人，怎麼也能活了好幾世紀？

早年我曾經在主持的電視節目中，訪問了十多位臺灣的人瑞，平均年齡九十七歲到一百零二歲，不論男女，他們幾乎不知道什麼叫維他命，也沒有刻意地保養，有的人喜歡運動，有的則根本不運動，其中有位原住民的男性人瑞，居然告訴我他長壽的祕訣在於每天必須喝一大碗米酒、抽一包香菸和嚼幾顆的檳榔，後來這個節目並沒有被播出，因爲電視臺高層長官認爲會有負面影響而作罷。

事實上從這十多位人瑞身上，我也看到了他們的共同點，就是他們都順天意守本分，並過著簡樸的生活，個個都是日出而作日落而息的勤勞族，不但不養尊處優，他們根本就分不清楚勞動與運動之間的關聯性，另一個很重要的觀察和發現就是，他們在性格上，對生活的挫折都有著開朗樂觀的一面和堅強的生命力。

人有百種，五行難對應

世間的物理現象包括了金、水、木、火、土。所謂地下的礦物（金）產生了水源，而涓涓長河（水）維持了各種植物的成長，其中不乏的樹（木）可以燃燒（火），灰燼則歸屬大地（土），大自然的五行，彼此在相生相剋中共存。

顏色則由白、黑、綠、紅、黃代表，而方位則代表西方金（白色）、北方水（黑色）、東方木（青色）、南方火（紅色）、中方土（黃色），也是命理學中八字、紫微斗數及風水堪輿等所使用的五行術語。

由於命理學源自易經的太極，太極又強調陽中有陰，陰中有陽，陰陽講究中和，五行則貴在均衡，生意人腦筋動得快，也就利用國人追求健康的弱點來強化與推廣。

但大家都疏忽了每個人都是獨立的個體，即使來自同一父母的基因，也會有隔代的變數，例如因環境的關係，西方氣候較乾燥，適合大麥成長，故人們的主食以麥子做成的麵包，東方因地理環境及氣候較潮濕，適合稻米耕種，則多以米飯爲主食。

每個人的身體結構以及成長和習性的養成都不盡相同，有人對海鮮過敏，有人則無肉不歡。只要不暴飲暴食，在能力範圍所及，想吃什麼就去吃吧。

其實大腦就是掌管和支配我們身心的樞紐，因此我的想法是，「聽己心」比「唸心經」更接近眞實的人間。

絕地大反攻，做回自己

曾經跟我持相同生活態度的一位科學家朋友也一再地提醒，在這個資訊爆炸的世界，大多數的媒體面對商業競爭存亡的現實挑戰下，已枉顧了社會公義的責任，反而成了財團利益交換下的宣傳管道，電視、網路成爲道聽塗說的轉播站更是一點也不稀奇。

有一陣子我的健康出了些狀況，於是千夫所指，均認爲我是咎由自取，應當立即懺悔並開始運動、節食及保養。於是三餐開始只吃清燙的食物，諸如燙去皮的雞肉、燙青菜，仰臥起坐五十下，晚上九點就寢，看似有益身心的新生活運動，卻害得我連做夢都夢到在跟朋友搶炸雞皮吃，而且半夜醒來發現冰箱空無一物，竟寂寞失落而發呆到天亮。當我處在彷彿已提前住進安寧病房的低潮時，因爲這位朋友電話中的鼓勵，又讓我絕地大反攻地做回了自己。

他告訴我，在我們生活的空間裡，處處都有腐蝕菌的存在，這些細菌超過百分之九十五以上，對人類的生活環境不但是無害的，還有增強免疫力的助益。我們害怕的應該是會造成疾病的微生物病毒，並非一般的細菌，因此不要因爲專家的統計數字嚇壞自己。當我們戰戰兢兢且小心翼翼地聽從專家的話過日子時，只要有一、兩個不法商品的存在，就會破壞我們對食物的信心。

我一直相信上帝對人類最公平的安排，大概就屬面對疾病和死亡的挑戰，且無一能倖免，即使到了大難臨頭的那一天，我猜大概也沒有一位醫生會武斷地告訴我，這數十年來我都是因爲吃了什麼樣的食物才會造成今日的病症。

但至少我可以料到，假如眞有那麼一天的到臨，當我病入膏肓而什麼東西都吃不下時，我的身體或許是悲傷的，但我的心裡是無憾的，因爲在這個人世間，葷素不拘，喜歡和不喜歡的，營養和不營養的，我都曾愉悅地嘗試並享受過。何況所有的養生之道，也都是預測而非結果。

如戲劇般離奇的夢

著名心理分析家榮格（Carl Gustav Jung,1875-1961），曾經在其著作中說過：「人只有瞭解並接受潛意識後，才能把握自己的完整，而此種瞭解只有從夢與它們的象徵裡才能獲得。事實上夢不僅是開啓我們內在心靈奧妙與智慧的鑰匙，也是自有人類以來就一直爲人類探究、解釋而始終未能安全瞭解的亙古之謎。」

一九九九年九月二十

一日，臺灣發生了七級的嚴重地震，震央在中部的南投附近。災難殃及的幅度與範圍甚廣，幾乎全國各地均爲了救災而總動員。當時我被民間社團臨危授命擔任全國兒童福利的召集人，從此整整一年的時間馬不停蹄地，從剛開始趕往災區現場，協助政府單位搶救，到廣集物資到安置中心發放，每星期陪同當地的社工人員，走遍南投、埔里、魚池、仁愛、信義等地方，從這個村莊到另一個部落，進行對創傷壓力症候群者的心理輔導等一連串的公益活動。

在這段支援的期間，目睹過不少家破人亡、顛沛流離的不幸故事，個人以同理心的感觸，並藉由詩和歌詞的創作，集結成冊。但最令人不敢置信的是，我曾經做過一個與災區有關的靈異的夢，而夢境內容不但與現實世界的眞人眞事有關，還發展得跟戲劇般離奇。

頓失親人的小女孩

故事的女主角是位原住民的小朋友，她叫魯美（化名），就讀某小學中年級。她甜蜜的家庭在一夜之間完全被震垮，包括祖父母及母親均不幸罹難，由於其父親很早就不知去向，因此經過相關單位的協調和評估後，最後決定將魯美的監護權交付給她的姑姑。

災難發生的當下，即使魯美她個人幸運地在倉惶中逃過死劫，但接下來在一片凌亂的廢墟中，找不到親人時的慌亂、害怕與焦慮，以及最後被迫接受與至親們天人永隔的事實時，其錯愕、悲傷，痛苦哀嚎之情景，令人非常不捨。尤其身心早已俱疲的她，迎接她的下一個命運卻是，必須面對安置寄養的啓動機制，排山倒海的衝擊，即使是堅強的成年人也難以承擔，何況是弱小又無辜的她。

本來個性就較內向且自尊心強的她，從此把自己的心扉封閉了起來，她拒絕用言語表達情緒，只會躲在被窩裡偷哭。對於這個特殊的個案，我能給予的就是用全心的愛、關懷與等待，並結合各方面的力量，慢慢地修復，也期待能早日重新打開魯美封閉已久的心房。

四個月後，突然有一天半夜，我接到魯美的電話，心臟差點跳了出來，還以爲又發生了任何緊急狀況，結果出人意表，魯美在那端的電話中，竟然用著無比興奮的口吻跟我說：「我夢見了，我剛剛夢見了……」原來她夢到了祖父母、母親和她，沿途一起唱著兒歌，一起在山上摘野菜。夢境裡，她的母親還特別摘了一支太陽花送給她，並且親了她一下。

死者託夢報訊，生者獲得安慰

奠立西方夢的心理分析基礎的大師佛洛伊德（Sigmund Freud,1856～1939）堅持唯一能夠分析夢的方法，乃是欲望滿足的理論。他最得意的兩位學生榮格和西爾柏勒（Herbert Silberer）則把夢分析爲潛意識智慧的表現。榮格他相信潛意識的心靈可以被假設爲含有智慧及目的，而且比實際的意識洞識力更優越。而佛洛姆

（Erich Fromm）卻相信我們在睡夢中所思考的，乃是我們自己的思想，也就是所謂日有所思，夜有所夢。

姑且不論該依據上述哪一位大師的理論基礎來分析，但至少對魯美而言，她的確已透過夢境找到了思念已久的親人和母愛的正面力量。雖然夢常常是短暫而健忘的，但這個美妙的夢對她而言，不但將歷久彌新，且一定會像太陽花般地，讓她未來的人生充滿著信心和希望。

不過不可思議的事情還在後頭，當夜我與魯美的電話結束後，沉澱了一下自己太過緊張的情緒後繼續倒頭睡覺。記憶中好像才剛剛睡著不久，我彷彿又被人喚醒，睜開惺忪的睡眼仔細一瞧，哇噻，居然有三個陌生人往我的方向走過來，在夢境裡，我竟然能夠認出來他們是魯美的祖父母和她的母親，而他們就在離我不遠處站成一排，表情平靜地向我深深一鞠躬，我打算趁機跟他們報告魯美的近況時，可惜尚未開口，他們就自動地消逝了。

隔天我深怕會忘記此奇異的夢境，於是帶著忐忑又想證實的心情，立刻打電話給魯美的姑姑，詢問並求證一些相關事宜，當我鉅細靡遺地把夢境中所見所聞與她分享時，電話中的姑姑陷入短暫的沉默後，我突然聽到她沉痛的哭泣聲。

她十分震驚地告訴了我，我夢見的人們應該就是她已去世的父母和嫂子，而他們被地震活埋時，所穿的衣服與我的描述簡直如出一轍，最令她感動的是他們竟然會一起來向我致意，而我的這個夢，也讓她長期積壓的悲傷找到了一個宣洩的出口和慰藉，因爲她至少相信他們三人一起平安地在天堂了。

這個離奇得難以分析的夢境，讓我感慨良深地爲魯美的不幸故事，寫了首「情近路遠」的臺語歌詞，並由李子恆老師譜曲並親自彈唱，再由華納唱片公司以「母親的容顏」發行，我個人的版稅全數捐出給財團法人國際單親兒童文教基金會做公益。

〈情近路遠〉的歌詞如下：

靜靜舉頭向
月亮用溫柔將阮勸
知影阮心中封鎖兮那扇門
年久失修袂當佫再轉
伊無問
驚心酸兮故事相過頭長
靜靜舉頭向
暗暝用夢代替溫柔兮光
你到陣來甲阮耍佇夢公園
傷痕一領一領慢慢脫
你無問
驚夢醒咱兮情近路遠

山中鬼傳奇

我是個充滿好奇心和幻想的女生，小時候老糾纏著大人講鬼故事，而且太平淡或不夠刺激的還不屑聽，可是到了晚上卻又經常會在夢魇中，害怕地哭醒過來。就這樣周而復始地練習，慢慢的自己也學會如何在好奇心與恐懼感中找平衡點，變得愈來愈有膽量。

相信很多人們在成長的過程中，也都有過類似自我教育的經驗。但說也奇怪，我這一生中，聽過各種恐怖與怪誕的鬼故事，但惟獨不曾親自見過鬼。

母親的宗教觀

我的母親是個十分虔誠的道教徒，她給我的刻板印象，就是逢廟必拜而逢神必跪，偏偏父親是個無神論者。一般夫妻爭執的問題，大概總是不偏離親子、金錢、婆媳……等範圍，甚少有夫妻會像我父母，他們竟然可以爲了每月的初一和十五，敬拜神明時該燒什麼品質的香，以及需買多少的金銀紙錢和貢品，彼此賭氣。

母親她認爲舉頭三尺有神明，在一年中漫長的日子裡，一家人得以平安無事，都是託老天及衆神明的庇佑，因此唯有藉每次的祭拜過程中，慷慨地焚燒大量的紙錢，才能略表對神明的虔誠，並達到奉獻的實質表現。

母親跟我分享，她親自經歷的第一個鬼故事，是因爲父親金屋藏嬌，她為了抓姦而意外撞見了女鬼（在本人的拙作《母女江山》一書中已有敍述）。母親聊起此事時，感慨特別良深，她說，女人一生的角色實在「難為」，但偏偏「為難」女人的卻多是女人，像母女、姊妹、婆媳、妯娌、丈夫外遇的對象等。

而結婚的女人，一生中最辛苦的功課，就是如何拴住丈夫的心，有人拴住了夫身卻丟了夫心，有人則拴住了夫心卻夫身也不由己。話說有個妻子質疑丈夫有外遇，因此嫌她的丈夫與她在做愛時，一副心不在焉的樣子，竟然還可以一面做，一面抽菸，簡直是人在而心不在，沒想到丈夫聽完她的埋怨後，雖然熄了菸蒂，但卻冷冷地跟她說：「難道妳希望我心在這裡，而人在外面嗎？」

婚姻的危機總是四面埋伏，隨時都會有人扮鬼，而伺機出來嚇人，何況抓到了姦情後又能怎樣？唯有女人當自強，才能在婚姻中進退由己。

母親雖然屬於舊時代的傳統女性，但她卻是各方面都很獨立自主，且趕得上時代的新思想，而且一直活到七十幾歲，依舊維持著讓晚年生活，更有趣的三大原則，包括喜歡嘗鮮、學習新知識和結交年輕的新朋友。

她的理論是，民以食爲天，而人活到老還有口慾，還願意嘗鮮，是最難得的福氣；年老了歲月不多更不能蹉跎時光，因此願意吸收新知識，是不讓自己落伍和被淘汰的不二法門；至於喜歡結交年輕的朋友，是因爲她已受夠了，面對老友們的凋零和徒傷悲，加上人一旦老了，常會不由自主地掉進歷史的灰燼裡面，不然就是因孤獨與寂寞，失望地活在自怨自艾中，因此她認爲只要自己不倚老賣老，就不會被年輕人所排斥。

山中遇「故」人

旅行更是母親的最愛，而且每到一個旅遊景點，總不忘記買一大堆土產，回來分送給左右鄰居，或親朋好友，父親就常取笑她是「乞食（丐）過溪行李特別多」，但母親一點也不介意。

記得母親有一次，她與朋友參加了國內的旅行團，晚上投宿在中部山林溪谷畔的一家古老的民宿。用餐時導遊特別介紹民宿的經營者給大家認識，這對夫妻檔的年紀，大概五十出頭，目前是這家民宿的第二代接班人，因爲孝順而尊重母親的遺言，辭退大都會優渥的工作而返鄉接下民宿的產業。

雖然是偏僻的鄉野，但由於主人的熱情款待，令團員們均享受到賓至如歸的溫暖。茶餘飯後，大夥兒彼此在言談之間，團員中有位母親多年的好友翠姨，她是位高職學校的退休女老師，經常與母親結伴而行，她突然有感而發，並坦率地跟民宿主人建議說：「我看你們這裡有三好，不但人好、水好、米也好，只可惜少了一樣東西。」到底是什麼東西？全體團員，包括導遊在內均洗耳恭聽。

接著她晃了晃頭，又瞇了瞇眼，才神祕地說：「可惜少了一樣好酒呀。」哇！大家聽了，都心有戚戚焉地拍手叫好。她緊接著又說：「我剛才有注意到，你們後山的果園，既然已種了一大片果實纍纍的紅肉李子，就應該利用它來自釀李子酒，如此一來，不但可以用來款待客人，還可以成為你們民宿特有的伴手禮，既可增進財源，又可替民宿打知名度，簡直就是一舉數得呀。」

雖然民宿的主人們對於翠姨的建議，是既感動又受教，但卻只能用對酒一竅不通的無奈和尷尬來回應，這時翠姨又自作主張地開口說：「聽說你是位孝子，好人有好報，所以我替你們帶來一位釀李子酒的達人。」同時並用手指向母親。母親自釀的李子酒，在我的印象中的確是有口碑的，尤其每逢中秋佳節，家中庭園裡總是文人雅士高朋滿座，而吟詩作對時，母親的李子酒更是絕配。

因此經營民宿的夫婦欣聞之下，立刻誠心地欲拜母親為師並討教，而在團員大家的起哄鼓舞下，母親終於答應將會找時間私下相授。也許是這份突來的榮耀感與責任心的作祟，竟讓母親興奮得難以入眠。於是隔天清晨五點不到，她竟起個大早，山澗的天色尚籠罩著一層灰白的雲霧，人們也都還在夢鄉中熟睡，唯獨母親她自己，蹣跚地悄悄踏上後山之路，體胖的她好不容易吃力地抵達了屬於民宿的果園，並摘了一些紅肉李子，打算作爲釀酒用的樣本。

母親以爲她是唯一早起的團員，沒想到當她提著一小袋的李子重返民宿時，在中庭一排露天的盥洗槽前，竟然發現還有位祖母級的旅客也起來梳洗了，雖然不是自己同一團的成員，但相遇在他鄉就是有緣人；何況當對方看到，母親忙著在水龍頭下清洗剛摘下來的李子時，老太太她竟主動地要幫忙，令母親好感動地開始與對方閒聊了起來。當短暫的會話結束前，母親順便地問老人家，可否推薦她該買當地什麼樣的土產？沒想到老太太，卻呵呵地笑著跟母親說：「妳就不用費神了，等一下民宿的主人就會告訴妳。」

這時團員們也陸續起床了，等大家都用完早餐後，嚮導就開始催促大家整裝上遊覽車，準備前往旅遊的下一個行程。而就在這個時候，民宿的主人匆匆忙忙地拿出了一個禮盒欲送給母親，希望母親能夠笑納，就在雙方客氣地推託中，突然民宿的男主人，輕聲地在母親的耳邊低語說道：「請您務必要收下，這是我親自烘焙的祖傳杏仁餅。而且不可思議的，還是家母昨夜託夢交代的。」

母親聽完傻住了，當她接受禮品時，不禁脫口而出地問對方：「請問令堂是不是個子瘦小？而她的頭髮往後紮個髻？她是不是經常笑臉常開？而她去世時應該有八十多歲了吧？」這一連串的發問竟換民宿男主人給震驚住了。

故事說到這裡，相信讀者們都已知道了眞相，而我個人的結論則是母親一生中曾撞過兩次鬼，一次是在晚上，而一次則在白天；一個是年輕的，而另一個是年老的，但都是女鬼。

墓仔埔也敢去

父親的膽子很大，大到連鬼都不怕，後來我曾問他爲何會不怕？他的答案是：「年輕時自己比鬼還窮，年紀大了，鬼一聽到我有八個兒女要養，它們大概也不想自己嚇自己吧。」

父親自我解嘲的幽默感讓我想起，有一次我應邀參加一個跟靈異有關的私人派對，當時有個主題是在探討與分享「驅鬼的神力與法力間的功能」，範圍除了東西方不同的民間傳統習俗和文化衝突的各種元素外，討論空間更包括鬼魂彼此間的同質與差異性，驅鬼時使用的各種工具與其用途，均在會場中提供解說與示範，諸如十字架、聖水、佛珠、符咒、咒語、圖騰……，甚至還包括食用的大蒜、鹽巴等，可說是琳琅滿目。

突然間有位國外來的大師問我，有沒有遇到鬼或驅鬼的經驗可以分享？我很坦率而直接地脫口回應，沒想到，竟然立刻引起在座者的哄堂大笑，包括好幾位大師們也因此而消弭了不少談鬼色變的嚴肅性。我說：「我想我的驅鬼方式會比較反傳統，因為我只需要拿出我們公益團體的募款單，通常鬼就會知難而退。」等到派對結束時，臨別前，提問的大師特別緊握住我的手，故作幽默地說道：「以後有機會，我會嘗試用妳的名字來驅鬼，也許會更有效果。」

人窮不怕鬼，鬼則怕窮人

父親是眞的遇過鬼，他出生在臺灣南部貧困偏鄉裡的窮佃農人家，在家徒四壁的窘境下，出生不久後，雙胞胎的他就被迫出養給別人當養子。父親十歲不到，就必須清晨到山上撿柴，下午放牛，晚上則隨大人們到乾涸的河床下或種水稻的田梗間捕捉青蛙，隔天帶到市場販賣，其成長過程中，所飽受的虐待和折磨的辛酸史，直到他已屆九十高齡，一向堅強樂觀的他，偶爾提起童年往事的創傷，心裡仍會一陣酸痛而眼眶泛紅。以下是父親眞實見證的一則鬼故事，從他口述的這則故事裡，給了我深刻的啓示：人窮恐怕眞的連鬼也害怕。

話說，雖然父親的身世頗可憐，但因爲他從小就很獨立、機靈又勇敢，因此很得村子裡長輩們的疼惜。只要有長輩們，晚間要出門捕捉青蛙時，通常都會樂意順便帶他同行。有時候長輩們還會刻意，多抓幾隻青蛙送給父親當業績，免得他空手而返，又得挨一頓責備。

一如往常雨過天晴後，又是個月夜風高，萬里長空而星辰稀微的夜晚，對於文人雅士們而言，將會是吟詩作對的浪漫情境，對於一般人家，則正是共享天倫的溫馨時刻，唯獨對在貧困縫中求生存的人們而言，此刻的心情只期盼老天爺肯賞臉，好讓他們能夠借著月亮的餘光，好好地幹活。

個頭雖小，但一旦背上了捕裝青蛙用的竹籮筐後，父親總是表現得超乎其年齡的懂事。他安靜而默默地跟隨著前輩的足跡和路線往前行進，從不敢掉以輕心並認真地觀察與學習。

老前輩帶領著他自己十八歲的兒子和我的父親，一起三人行，卻各自一面走一面尋覓著青蛙出沒的地方下手。沉寂熟睡的大地此刻對他們而言，沒有比能聆聽得到青蛙的叫聲更優美的音樂了，就這樣三人專心地走著走著，終於摸黑地來到了前面的一處亂葬崗。

此時老前輩突然開口並略帶些許得意的口吻說，這是他自己開發的一條能捕捉青蛙的新生機。由於此條路線會經過公墓，又紛傳在此處遇鬼的事件頻頻，因此鮮少有人敢選在夜晚，於此地出沒活動，所以對他而言，正是機會難得，可以好好開發的處女地。

此番話倒是嚇壞了尾隨在後的兩個小伙子，總覺得背後陰風颯颯，不知不覺地，他倆由原先一前一後的隊伍，早已轉換成彼此可以壯膽的併行。令人害怕的事情終究還是發生了，就在一行人才打算要跨進亂葬崗領域時，突然無預警地，前面不遠處的一叢竹林，可能因為地緣的關係，任由其野生自然地發展，因此長得特別茂盛又高大。

只聽到在一陣唏唏嗦嗦的騷動後，原本矗立的竹叢，竟然像是突然接受了指示，在「涮」的一聲令下，整個竹叢竟像瑜伽軟功似的，往同一方向彎腰傾斜，變成橫跨的藩籬，好像是有股無形的力量刻意要阻礙父親他們一行人的去路。

餓人比鬼兇

此番突兀得像卡通的畫面以及詭異的景象，令膽識過人的老前輩，都不得不被震撼得退怯了好幾步。而同時間，彷彿是來自死亡蔭谷的泣訴，傳送到三個人的耳朵裡，而且很清晰地聽到了一股游絲般虛弱的聲音，斷斷續續地對空嗚嗚著：「餓啊，餓啊……」，才剛被眼前的情境嚇得快屁滾尿流的兩個小伙子，現在更是渾身不對勁。

在稀微的月光下，趁機互瞄一眼，赫然發現，彼此不但臉色已蒼白如紙，而嘴唇的色澤，更是由原先的紅嫩轉換成了紫黑狀。兩人除了像連體嬰般地緊緊依偎在一起外，似乎完全被迫陷在進退兩難、欲哭無淚且不知所措的危險與驚恐的困境中。

果然不是猛龍不過江，老前輩很快地就將不安的情緒給鎮靜了下來，然後也用著平和卻又無奈中帶著憤慨的口吻，對空回嗆譙：

「幹！你餓我嘛餓。如果不是爲了顧三頓，誰人願意三更半夜還到墓仔埔來討吃？（閩南語）。」

又是一陣絕對寧靜中帶著肅殺的對立氛圍，但說也奇怪，隔沒多久，本來像巨人彎下腰的竹叢，竟然主動地在「涮」的一聲清脆聲響下，又恢復了矗立的原狀，而哭餓的啜泣聲也一併停止。瞬間大地又恢復了正常的平靜，只見老前輩他除了喃喃低聲地說了句：「感恩啦！」連頭都沒有再抬起一下，更忘了背後還有晚輩們需要關照一下，就逕自不發一語地，繼續前進探尋青蛙們的蹤跡。

父親在敍述中特別提到，撞見餓鬼的那個夜晚，奇蹟似的他們三人不但平安地全身而退，意外地當晚捕捉到的青蛙，不但又肥又大且人人豐收，只能用滿載而歸來形容。

冥冥中自有神祕力量

分享完了父母口中的靈異故事後，對於一向鐵齒不信邪的我，不知道是因爲年紀大，還是人生體驗多了，導致抱著寧可信其有的態度，來面對類似玄學及其他空間之神祕力量的存在。

其實玻璃盆沒有被打破

有一年我受邀到北美洲演講，寄居在一位

臺灣同鄉家裡，雖然是個好幾十年的舊房子，但後院的老樹綠蔭參天，屋內的空間也很寬敞舒適。

有一天有位女性老友來看我，伴手禮正是她家裡自己耕種，而我很喜歡的新鮮藍莓。

進屋後她負責沖洗藍莓，而我則從櫥櫃裡拿出一個漂亮的水晶玻璃盆，盛滿了洗好的藍莓，擺在我們兩人對坐的餐桌上，準備一起共享美好的下午茶。

我們興致高昂的一邊喝著咖啡，一邊談天說地，竟然全忘了要吃藍莓這件事情，因此當閒話家常告一段落後，猛然發現剛剛洗好一大盆放在桌上的藍莓，突然不見了。

這也未免太離譜了吧！眞實的實體怎麼可能就這樣在我倆面前憑空消失？因爲它又不比芝麻或花生，小到看不見或找不到。當下我們兩人面面相覷，對此突發的詭異狀況，就像透過面鏡子反射般的眞實，一時之間陷入驚訝、恐怖和不知所措的靜默中。

待送走了嚇出一身冷汗的朋友後，我不信邪地把整個家的客廳、臥室及廚房都翻找了一遍，但就是怎麼找也找不到那盆藍莓。那是四個一組的高級水晶玻璃器皿，直到今日廚房的的櫥櫃裡，仍然擺放著永遠找不到的三缺一。

屋主雖然口頭說不介意，但他始終想不透，「爲什麼兩個成年人只是吃個藍莓，居然可以連盆都打破？」

因爲，我們至今都不敢告訴他眞實的情況。

老幽靈的笑聲

以下又是發生在國外的故事，我同樣是寄居在國外友人的家裡，某一天這位同鄉，約我陪他一起到附近的圖書館辦點事。這所圖書館的建築裡，還附設了游泳池，和其他供老人及兒童的活動設備；而圖書室的範圍很大，其中供民眾閱讀的座位設計，是前後排封閉式的書桌卡座，上面還有可以調整光線角度的一盞燈，隱密性滿高的。

那時候，我雖然一邊在北美洲作巡迴演講，但也正在為《意外人生》的新書趕稿，所以，趁友人辦事時，就近坐下趕會兒工，我刻意地選擇了靠近安全門的最後一個位子，避免有人走動受到干擾。坐下前，我還特地觀望了一下四周的環境，緊捱著我卡座前的位子確定是沒有人坐，而館中其他的人，至少也離我有七、八個位子之遠。

沒想到無心插柳柳成蔭的狀態下，竟然能夠在這個陌生的環境中，文思泉湧，當我寫到一些比較有趣味的故事內容時，不禁暗自竊笑，可是不久後，我突然發現從我前面的卡座，傳出陣陣的爆笑聲，而且一聽聲音就知道是位男士，我不禁思忖著他是什麼時候悄悄坐在我前面的？這裡是十分安靜的圖書館，難道他不覺得自己的行為有些失態嗎？

但同時我也臆測前座的這位先生，想必是看到了一本非常精彩或特別幽默的書籍，才足以讓他如此開懷，且一波又一波地不斷製造出笑聲。既然文思已經受到他的干擾，乾脆趁機會休息一下，並想起身到隔壁與他打個招呼，順便問他讀的是那本好書？我也想利用這個機會借回去，好好地拜讀一番。

可是令人難以置信的是，當我站了起來往前座探視時，竟然發現座位空無一人，那麼剛剛一直不斷發出爽朗的笑聲又是來自何方？

當下的我，被震驚到不僅是毛骨悚然，且全身背脊發涼到雙腳顫抖得幾乎無法站立。

事後與同鄉會合後，他帶著同情的眼光，告訴我說，會不會是因爲我太累的關係，才導致產生了幻覺或幻聽。

由於安全起見，他自始至終都有注意著我，不但完全沒有聽到任何人的笑聲，更可以證明我前面的卡座一直沒有人出現過。但我仍然堅持我既不是在作夢，也沒有時差的問題，更不至於累到足以產生錯覺，倒是另一位後來知情的同鄉，他的安慰勉強地說服了我。

根據他的瞭解，這間座落在郊區的圖書館，本來就是由遠古年代墳場開發出來的新社區，搞不好就是有位從來沒有見過東方女性的老幽靈，被我幽默的文章所吸引而來，而且有可能他本身就是位作家吧。

無厘頭的預言，讓友人逃過空難

除了偶爾會有像上述的這些奇遇外，我身上也具有一股敏銳的第六感，經常可以發生在買不動產或看房子的驗證上，當然也包括了對於意外事件發生的預感，但絕對沒有強烈到足以去當預言家。

我印象最深的是一九九八年的桃園空難事件，事發的前一天有位南部的朋友剛好打電話給我，說她的先生準備要出國，問我需要帶什麼禮物回來？我莫名其妙地順口告訴她說，我突然有個強烈的預感，覺得你先生最好明天不要搭飛機。

既然行程和機票都訂好了，怎麼可能因為你閒人程咬金的一句話而作罷？偏偏這位朋友就是信我如佛，因此逃過了大劫難。光是那年我就不止一次收到，他親朋好友為他慶生分享的豬腳麵線禮盒，更重要的還有為了感激我，而捐助給我們單親兒童文教基金會的善款。

不過話說回來，如果此案例因為我無俚頭的善意，導致他取消了行程，但事實上並沒有空難發生，反而造成了其生意上有所損失的話，好管閒事的預言，豈不成了一樁損人不利己的荒唐事件？於是我開始反思，並決定再也不把自己的直覺當一回事。

總之，我這一生所聽、所遭遇到關於神祕力量和各種的鬼故事，似乎蒐集起來又足夠再寫一本書。

幽默是演化而來的行爲

幽默就像空氣一般，無所不在地存在我們的生活中，少了它人生就會活得太累。

最先將「幽默」一詞引進中文的人是林語堂，林先生採「Humour」音譯而來的，不論是英文、法文、德文、俄文或西班牙文的幽默一字，均都源自拉丁文的「Humour」，而其原意乃指「液體」，是從古希臘之「Hygro」翻譯而來；

具有三層的定義，即液體、濕氣及溫和，而我們所指的幽默應該就是從第一層的液體經過漫長的演化而來。

「笑」原來是荒謬的

西元前希臘的著名學者希波克拉特（Hippocrates）就創立了一種學說，他認爲人體擁有四種液體，即血液、黏液、膽汁（黃膽汁）和抑鬱汁（黑膽汁），統稱爲「液體」（humor），而這四種基本體液據說可以決定一個人的氣質和特性；如果他們保持適當的比例，人的氣質或脾氣就會呈現一種平衡的狀態，否則就會有易發怒、抑鬱等個性特徵，甚至偏離常態的行爲。

即使到了十五、十六世紀，「笑」還是被認爲偏激、荒謬、荒唐，是一帖令人可笑的矯正劑，任何具有偏激氣質的人，都會被貼上「可笑者」（humourist）的標籤，同時也會變成被人們取笑的對象。直到十八世紀後，發現幽默家們熟悉文學或藝術上有關幽默的所有表現和技巧後，開始轉化成爲近代美學的一個概念，變成一種引人發笑或感受情趣的能力。

關於幽默，各有各的理解與說法，我個人不敢說幽默是種令人足以發笑的才能或藝術，但至少幽默是種介於戲謔與揶揄、自娛娛人的生活樂趣，也是人際關係的潤滑劑。而優質的幽默不能以賣弄或噱頭爲基調，更應超越尖酸刻薄的調侃與說教。善於運用幽默的人，其展現的諧趣必在只能意會不能言傳的隱喩中，但可惜在時下流行的文化中，幽默早已被低級趣味給扭曲和污染了。

隱喩的幽默，耐人尋味

幽默反映了社會百態，大部分都以人性爲出發點，所以幽默的異色笑話裡，多以男女的性別差異及夫妻的床笫笑話居多，因爲容易引起共鳴。寫到這裡，忽然間讓我想到一個跟宗教有關的笑話。

話說有對美國夫妻到中東的耶路撒冷去旅行，結果很不幸地，妻子突然意外猝死，丈夫在傷心之餘仍勉強打起精神處理後事。當地殯儀館的老闆跟這位悲傷的丈夫說：「假如把你妻子的遺體運回美國的話，費用是美金一萬兩千元，但如果安葬在此地則只需要美金六千元，你決定後再告訴我們。」

隔天殯儀館的老闆接到了苦主的電話，他說：「我認眞的想了一夜，還是決定把我太太的遺體送回美國好了。」殯儀館老闆不解地問他：「爲什麼要運回美國呢？這裡可是耶穌安葬的聖地，而且價錢也便宜一半呀！」沒想到這位丈夫的回答竟是：「可是別忘了耶穌就是在此復活的啊！」

在共產國家中，也不例外地展現了政治幽默的笑話。有個嘲諷前蘇聯總統戈巴契夫的笑話如下：有位罵戈巴契夫是王八蛋的人被捕後，判刑二十五年，他抗議說：「罵元首最多也只判五年，爲什麼我要被判二十五年？」他得到的回答是：「因爲你不該洩漏國家機密。」

職場啓示錄

人性的弱點裡，自以爲是也算是非常要不得的劣根性之一。與其說它是介於自信與自卑間的浮游生物，不如用缺乏見識的井底之蛙，又或者班門弄斧的自大與愛好吹噓來比喻會更爲恰當。下面的故事或許已是老掉牙的傳聞，但卻仍有當作職場啓示錄分享的價值。

撕碎國王的新衣

有位董事長特別喜歡享受被吹捧的感覺，因此全公司上下集馬屁文化於他一身，不但大家都盡其所能的討好與迎合，更是不能錯過任何一個小細節。

有一天的朝會，董事長又開始發言了，明知他言之無物，但下面的員工卻個個點頭如搗蒜般地表示肯定與認同，明明他講的冷笑話一點也不好笑，但大家卻學電視節目，不斷地製造罐頭笑聲，甚至還有人誇張到捧腹大笑，甚至激動到淚流滿面。

儘管大家是如此的捧場，但還是被董事長發現並找到了破綻，因爲他注意到員工中，有一個人自始至終都面無表情地看著他，偶爾嘴角會抽動地笑一下，但也是屬於不懷好意，甚至帶有輕蔑的傾向。

於是董事長再也受不了，竟然有員工敢用如此挑釁的態度逼他走下臺，並直接到此員工的面前，單刀直入地問他：「爲何不跟著其他的員工一起笑？」只見全體員工陷入一片寂靜，面面相覷而不知所措。反倒是該員工突然在這個時候，仰天長嘯地大笑幾聲後，面對面正視著董事長，一個字一個字鏗然有聲且慢慢地吐出：「因爲我只幹到今天。」

不打不相識的尷尬

我的一位忘年之交，也告訴過我他的一個很奇特的親身經歷。有一年他代表其臺灣公司的主管到國外總公司受訓，幫他們上課的是位頗具知名度的專家，據說花了很高的代價才請到他來演講，因此大家都戰戰兢兢地期待有更多的學習與收獲。

可是很奇怪的事情發生了，因爲他愈聽愈起了懷疑，到底是因爲自己的英文程度較差而聽不太懂？還是此專家只是虛有其表、自以爲是罷了？總之，演講的內容根本言不及義，令他失望透頂。演講後，主辦單位馬上分發給每人一份對講師的評鑑表，上面的問題一大串，而評分從1到10。他看都不看一下，就直接在問卷上面，用紅色的簽字筆寫上英文的「你簡直是在鬼扯和浪費我個人寶貴的時間」。心想這麼大的跨國企業，而總公司居然會如此識人不明，請這種人來爲世界各地的管理儲備人才做培訓，看來他此良禽得另擇木而棲了。

但出乎他想像的一份驚奇出現了，他培訓完回到臺灣的第二個月，正準備另覓高就的時刻，竟接到他即將升調職位，而出任亞洲某地區經理的人事命令。當他銜命到總公司報到，接受耳提面命的交流機會時，接見他的總經理，特別引見了爲他推薦此職位的人。不見則已，一見到面卻令自己難堪不已，原來提拔他的貴人，就是曾經被他罵鬼扯蛋的那位演講者，而如今正站在他面前，且主動伸出道賀的手。

第一時間他尷尬的情緒還反應不過來時，總經理已經爲他化解難堪而開玩笑說：「哈哈哈，這不就是你們華人常說的，不打不相識嗎？」原來這個培訓課程的內容，是此專家特別爲此美國百大公司，階段性進階管理人才所設計的，也就是要從中挑選出具備不執迷、不盲從、觀察力強且有勇氣向權威挑戰的特質，並足以勝任的領導人才。事過境遷，我這位忘年之交總會以過來人的身分語重心長地奉勸：「人太自以爲是，只有一個後果，就是自取其辱。」

職場與婚姻關係的異曲同工

俗話說，千年修來共枕眠，百年修來共船渡，我個人相信人與人之間都是一種奇妙緣分的連結，姑且不論前世因，但至少在全世界近八十億的人口，彼此有機會相遇、相識、相交，是多麼不容易的事。

而除了家庭的親情，學校的友情，戀人的愛情外，最不容忽視的就是出社會工作以後的同事之情。

職場是修羅場，小心駛得萬年船

工作的職場其實有如一個小社會的縮影，因爲同事之間都是處在既合作又競爭的狀態下，因此人際關係表面看似單純，其實爲了己利，私底下仍充滿了複雜的算計和詭譎的鬥爭。

我剛出社會時，父親送我的三句話至今仍然十分受用。

第一句是「逢人且說三分話，不可全拋一片心」。因爲出外不比在家，害人之心不可有，但防人之心不可無，而且要小心禍從口出。

第二句是「得饒人處且饒人，冤家宜解不宜結」。見面三分情，而打蛇打七寸，切莫得了便宜還賣乖。

第三句是「滾動石頭不生苔，而且要懂得知恩圖報」。多記住別人的好，度量大才能積福，自己非聖賢，故勿背後道人是非。

我謹守教訓，至少我當員工的時候，換工作的機會不多。而且一點也不誇張的是，每次我離職時，除了同事們不捨外，幾乎老闆夫婦都是流淚揮別。

等到了我有機會當老闆後，時代已經不同了，因此在職場上的主雇關係，多採取了「來則歡迎，去則祝福」以及「回頭的馬至少會是安定的馬」的兩大原則。

而對待員工，我則眞誠的付出三種愛，像母子、像師徒、像主雇，因此多年來都能夠與離職的員工們保持不錯的關係。

我在國外的公司中，曾經有位員工因爲家裡有急需而盜用公款，一向治軍甚嚴的我不但沒有開除他，還讓他一直待到退休。因爲，只要能理解爲何「狗急跳牆」，那麼就有可能會選擇原諒他，而如果你明白「知過能改，善莫大焉」，你也會願意再給對方贖罪的機會。

因爲，此員工的母親在手術過程中大量失血，急救需要購血，而他盜用公款後，深表歉意，並主動提出每月扣薪來抵債的方案。

人生如戲，離譜的外遇戲碼

我近來輔導了一個職場上比較棘手的個案——老闆的小三，既是公司的業務員，也是他的小姨子，而且她聲稱懷了姊夫的孩子。

妻子發現後除了震驚與憤怒外，她爲了大局只能忍耐，而不想打草驚蛇，免得落入他人口舌或同行的趁火打劫。

她早知丈夫風流成性，偏偏繼妹又不自愛地主動飛蛾撲火，同時也懷疑胎中的孩子並不是丈夫的。

於是她派徵信社跟蹤，果然發現了妹妹和他的同居者，形同夫妻般的生活在一起，偶爾才會找機會約丈夫到汽車旅館幽會。

她還利用關係到診所調出妹妹的預產期，再往回算出其受孕的時間，而令她較欣慰的是那個月，她丈夫剛好因爲疫情被困在中國的工廠無法回臺灣。

當她掌握到了十足的證據以後，打算要和妹妹正式攤牌，並揭露其仙人跳的詭計，甚至必要時考慮報警。

我勸她不必自己出面，由她的繼母出面會比較有正面的效果。果然繼母一把眼淚一把鼻涕的對親生的女兒曉以大義，並把隱藏在心裡的多年祕密告訴妹妹，當年她是個未婚媽媽，若不是姊姊同意她和其父親結婚，恐怕母女早已流浪街頭了，何況姊姊一直善待她如親妹，豈可恩將仇報。

而丈夫則羞愧地告訴妻子，他縱使再風流也不至於吃窩邊草，而是有一次他應酬喝醉酒，醒來卻發現小姨子已經躺在他的身邊啜泣。

而且說時遲那時快，馬上就衝進一位年輕人開始拍照，從此以後他跳到黃河也洗不清，反而變成了不倫的男主角，並遭受勒索。而每次會約到汽車旅館，就是爲了製造婚外情的假象，其實是眞付贖金的地方。

最後小姨子在親情的感動下，也痛哭失聲地認錯，並坦承她是受同居者的慫恿才選擇姐姐出國的時候布下此局，其實姊夫是清白的，當然腹中的胎兒也不是他的。

故事竟然像電視劇裡面的劇情一般高潮迭起，更令人訝異的是，目前的同居者並不是孩子的父親。而是妹妹被前男友拋棄後才發現懷了孕，本想去找對方登記結婚和報戶口，豈曉得對方知情後反倒咬了妹妹一口，不但威脅要告訴她年邁的父母，甚至還要她配合仙人跳，並栽贓給姊夫。

並說服她說，反正你姐夫有的是錢，我們不拿也會被別的女人騙走。而且發誓只要妹妹配合拿到他要的數目，他就願意跟她結婚。

後來由於牽涉到警方追捕的詐騙集團案子，這位前男友已經鋃鐺入獄了，而目前交往的男士是業務上的朋友，知道她的困境後願意幫她一起度過難關。

職場的生涯和婚姻的經營一樣都是需要努力、用心、堅持和鎖定目標，問題才能迎刃而解。

PART 3

人生難不難 在於心

心，是最容易改變的，眼一眨就能改了念頭；但也是最難改變的，才會有「固執」這個詞出現。看了這些故事，大家就能明白轉念的力量有多大，影響有多深。唯有正向思考，人生才會越來越好。

轉念，便能海闊天空

除了長相外，我的名字也從小就讓我受到不少的挫折，我因爲出生在一九四七年二二八事件的前幾天，整個臺灣社會氛圍只能夠用風聲鶴唳來形容。因此父親希望我的出生能夠帶來承平與安定。

童年因爲名字被取笑霸凌

所以用「綏靖」兩

字來替我和妹妹取名，但因爲父親不諳注音，所以我名字「黃越綏」中的最後一個漢字「綏」，在當時國民政府所提倡的漢化「國語」運動中，發音叫ㄙㄨㄟ，剛好與閩南語的「衰」字發音相同。

結果印象中從小學開始，喜歡作弄我的小男生們，上下學成群結隊在經過我家門口時，像是自動組成的合唱團一般，刻意提高音量並且有節奏地齊唱著：「會衰，袜（不會）衰，會衰，袜衰……」

在那個什麼都是權威的年代裡，如果你在外受到挫折或委屈，回去跟家長告狀，除非人命關天，家長多採息事寧人；最多也只會安慰說，既然嘴巴長在別人的身上，又能奈何呢？不要理他們就沒事了。但不服輸的我，在孰可忍孰不可忍的情況下，仍會幼稚地藏些小石子偷丟他們或用潑水的行動來報復。

事實上從小這種不舒服且被公開霸凌的感覺，曾讓我的心理受創，一直到我年紀漸長懂事後，也深切地瞭解父母的用心良苦，才讓我不再厭惡這個叫起來跟「倒霉」有關的名字。母親更學了不少臺灣早期農業社會重男輕女的例子：在期待生兒子的移情作用下，不少父母親硬是把標籤貼在女兒的名字上，像取名招弟（招來弟弟），罔腰、罔市（既然已出生只好勉強地養育了）等例子安慰我。

心存大愛便能戰勝一切

直到踏入社會後，依舊有人對於我的名字好奇，甚至有人勸我乾脆改名。但我早已轉念，比起那些一出生就沒有父母爲其取名字的人，我對自己擁有一個大愛的名字不但心存感恩，更學會用自我解嘲的方式回應「越綏」兩字帶來的諧音及負面的影響，「反正只要越過了衰就袜（不會）衰，而且只會越來越好」，這句話也是我最佳的鼓舞力量。

由於「綏」（ㄙㄨㄟ）字被認識和使用的機會愈來愈少，加上國人對於漢字的認知，早已習慣性養成「有邊唸邊」、「無邊唸上下」

的取巧方式，因此有幾次我搭國內班機，在差點趕不上的情況下，聽到航空公司的廣播正在叫著我的名字，但從來沒有一次是唸對的。幾乎沒有例外：不是唸成黃越「緩」就是黃越「媛」，再不然就是乾脆去邊直接叫成黃越「妥」，甚至還有櫃臺小姐猶豫了一下，婉轉地問我正確的發音，並質疑地追問「綏」的發音眞的是「衰」嗎？

事實上，我的名字閩南語發音是「婧」（美麗）的第二聲，但不論如何，每當我用自己的名字爲例，安慰和鼓勵那些也因爲名字而被同儕取綽號或取笑的人時，或多或少都能達到實質的說服力與效果。

相逐心生，相隨心滅

傳統五術「山、醫、命、相、卜」，在中國流傳已久，而臺灣近年來受房地產業的影響，似乎也有一味迷信風水之說的效應。

有位朋友買到一間房子，背後的遠方有座墳場令他住得很不舒適。有一天他和我聚餐時，突然問我，他的氣色看來如何？我回答說：「不錯呀！」但他就是不相信，叫我再仔細瞧一瞧，我不覺好笑地告訴他：「哦，原來你新染了頭髮。」氣得他懶得理我。

住墓邊，大家都說他氣色萎靡

自從他搬到新居後，幾乎所有的親朋好友，每次見面都發現他的精神狀況愈來愈委靡，臉上的氣色也愈來愈差，大家都一致認爲他的問題應該出在住家臨近墓地，因爲受到風水上太陰和煞氣的負面磁場所影響，改變了他的個人氣場。

我開始問他，房子是獨棟的透天厝嗎？當然不是，而是好幾排附設有電梯的公寓大樓。我又問他，已經住超過兩年多，可曾遇到半夜鬼敲門或目睹鬼火幢幢的景象？他搖頭。再問他，可曾聽見左右鄰居發生什麼靈異事件？他還是搖搖頭，那麼妻子兒女間有人中邪嗎？他除了搖搖頭外，忽然拉住我的手說：「難道是我自己嚇自己嗎？」本來就是如此，當自己被傳統的刻板印象左右理智的思考，在缺乏信心下判斷就易走樣，再加上遇到親朋好友的想法也同出一轍時，就更添加了神祕感與怪力亂神的力量。

我除了告訴他「福地福人居」的道理，還依照字面的意義來剖析；風水指的不就是空氣和水？一般住家的環境只要空氣好、水質佳、交通便利就是好風水，何況在西方國家裡，不乏有豪宅緊臨墓園旁邊的實例。當他聽我的勸，做了一個小小的實驗後，終於安心地願與亡者之墓爲鄰。我建議他撒個「白色謊言」，告訴親朋好友他已搬離舊居後，幾乎每個人再看到他時都驚呼或讚嘆說，似乎他的氣色好多了。

假裝搬家，大家都說他氣色轉好

對於迷信風水者，我常會引用古人的諺語：「風水先生慣說空，指南指北指西東。若是眞有龍鳳地，何不尋來葬乃翁？」來回應風水的見仁見智，風水師是種職業，但他們不是救世主呀！

所謂風水，談到大自然，風就是氣候，水就是大地與水流；談到個人，風就是呼吸器官，水就是血液循環，呼吸順暢，血液循環順利的人，原則上身體就會健康。其實風水並沒有所謂的好壞吉凶之分別，中國的帝王都找最好的風水建皇宮，最好的風水建陵墓，爲什麼最後都滅亡呢？由此可知，古人所說的左青龍，右白虎，前朱雀，後玄武，風水的絕佳方位並不完全正確，而錯誤的觀念讓迷信風水寶地的帝王們，陷入不可挽救的地步。

心有靈犀，夢中的道別

年紀愈大我愈相信「心有靈犀一點通」的說法，而且有的時候，夢中的象徵竟然會出現在現實的生活中。

這一生中最令我懷念的摯友Mary，她與我的個性南轅北轍，但我們倆的交情卻好到令雙方的丈夫都有些嫉妒，甚至曾經懷疑我們是同性戀。我常開玩笑說，年輕時交朋友可以用遍地開花來形容，可是人過中年後，要結交好友恐怕就得靠運氣才能撿到。至於等到老了才結交的朋友則是多餘的，反而是女性欲結交同性的知己，婚前不易而婚後就更難了。

我與Mary可以當MBA班的好同學、吃喝玩樂的好拍檔、信任而無話不說的好知己，尤其難得的還是事業上的好夥伴，用姊妹情深來形容也不誇張。像這樣的友誼眞的是人生中可遇不可求的至寶，難怪會羨煞不少人，但很不幸地，她卻無法與我攜手到白頭，因爲在一次的意外事件裡，她不到四十歲就英年早逝了。

時間到了，驚醒

在她去世的前一天晚上，我夢見她開著最心愛的跑車，專程帶我去遊車河，幾乎把我們過去最值得回憶的旅遊景點，像是倒放錄影帶般地重新瀏覽了一遍，我們當時在車上又跳又唱地彷彿時光倒流。

也不知道過了多久，我們終於把車子停在一座荒涼的拱橋下，突然間，Mary拉起我的手緊緊地握住，並幽幽地說：「現在我要一個人過橋了。」

當下我有些不悅地回答：「為什麼？要走一起走嘛！」只見她不再理會我，逕自轉身直往橋的方向走去，轉身前，眉間帶愁卻硬擠出一絲笑容地丟下一句：「放心，等時間到了，我就會來接妳。」我從夢中驚醒過來，發現自己竟然被嚇出一身冷汗，順便看了一下床頭的鬧鐘，時間是凌晨三點。

儘管身邊的丈夫善意地不斷安撫並慰藉地說，應該不會有事的，但我的直覺卻依舊被一股強烈不祥的預兆籠罩著，決定隔日一早馬上打電話給遠在國外的Mary，問候一下她的近況。

勉強打起精神以為可以熬到天亮，卻不知不覺又睡著了，結果竟睡過了頭。隔天當我被電話鈴聲吵醒已近午時，打電話來的，竟是多年不見的Mary年邁老母親，她用極度哀傷的口氣，困難吃力地對我說：「Mary已經在昨夜淩晨無預警地自殺了，妳是她最好的朋友，我必須先通知妳，她的遺書中有交代，要我把她珍藏多年的日記本全都留給妳當紀念。」若不是我認得出她母親的聲音，乍聽之下，我還以爲是愚人節或有人故意在開玩笑，情到深處轉無情，我沒有收下她的遺物，我要求她母親把它一起火化了，因爲我無法承受這個突來的噩耗，而我因爲太思念她，整整病了一個多月才痊癒。

莊周夢蝶的眞與幻

佛洛姆在《夢的精神分析》書中的一些話給了我很大的啓示，「假如『智慧始於驚奇與懷疑（to be puzzled）的能力』是種眞理，那麼這眞理對現代人的智慧就是一種悲哀的註解。因爲一切事物都被假定爲人（如果不是我們自己，至少也是那些職責是瞭解我們所不知道的專業人士）所完全瞭解。」這種態度也許是爲何鮮少有人會對我們一生最神奇迷惑的現象之一——夢境，引起懷疑和探討。夢，它就好像是曾經有友善或不友善的精靈拜訪我們，並且在天剛破曉就突然消失不見一樣，不只是在我們醒後消失，而且我們要想記得它們也非常困難。

我永生難忘這個夢境，也許它給予我太多的驚奇與懷疑吧！我個人覺得，也許沒有比中國哲學家也是詩人的莊子，對夢的敍述與形容更貼切、優美和神奇的了：「昔者莊周夢爲蝴蝶，栩栩然蝴蝶也，自喻適志與！不知周也。俄然覺，則蘧蘧然周也。不知周之夢爲蝴蝶與，蝴蝶之夢爲周與？」

雖然已是多年的塵封往事，至今每憶及Mary生前的種種，傷痕仍會隱約作痛。她的死亡對我而言，最遺憾的是餘生之年，走遍世界再也撿不到像她如此的至交；而比較能夠自我安慰的，則是深切地記得在夢境中，當她欲跨過死亡的奈何橋前的那個重要時刻，她對我的承諾。因此我相信有一天自己終究必須孤獨地面對死亡時，心裡應該會是平靜而不害怕的，因爲Mary一定會來接我。有她的引領與陪伴，縱然邁向死亡之旅也會是心甘愉悅的。

信算命，不如相信自己的本心

二十一世紀的今天，算命的風氣爲何仍方興未艾？因爲連孔子都喟嘆：「五十而知天命」，何況我們處在一個資訊開放且多元化的社會，有人拿無科學應證來否定命理與風水，但也有人因命理和風水的指引而受惠，從此奉爲生活的指南針，根本不在乎到底是否迷信。

鐵口直斷不可思議

二十多歲時，我因父親肺積水生病住進急診室而焦慮不已，當時有位好朋友安慰，並建議我不妨去算個命。於是她帶我到一位警大的吳老師處排隊候診，這也是我人生中第一次接觸到命理，也是印象最深的一次；因爲吳老師論命時，雖然是一對一，卻沒有隱私而且是公開化，也就是他雖然在爲你論斷私事，但其他的候診者均可以在旁聽得一清二楚。這眞的有些尷尬而令我想打退堂鼓，但據好友說，他的作法也是種最佳的行銷策略，因爲他的準確度可以在衆人的檢視下，獲得更普遍的肯定。

輪到我的時候，他先問我家中是否有人屬蛇？我點點頭（家父生肖屬蛇），但他緊接著說到：「此人已生病住院。」我和我好友不得不彼此對看一眼，心照不宣地暗忖：「哇，好準呀！」接下來他又說不必太擔心，過了立春他就會漸漸復原好起來，果然家父不但過了此關卡，並且長命而壽終正寢。

我有位相當鐵齒的醫界朋友，告訴我一個令他感到不可思議的經歷，因爲他本來存心要到某命理師處踢館，所以他刻意拿了剛已故父親的八字去向對方討教。沒想到出乎他意料之外，此命理師排了一下命盤後隨即跟他說：「人都死了還有什麼好算的！」令他甘拜下風而驚嘆不已，就算是巧合也未免太神奇了，因爲命理最難斷的就屬生死，從此拜其門下學術。

占卜結果大不同

我的一位女性朋友想再婚，於是朋友分別介紹她去算命，第一位命理師斬釘截鐵地告訴她，她命中帶刑剋，是個不適合婚姻的女人，不論她結婚幾次，最後都會以離婚收場。第二位命理師剛好相反，他告訴她務必把握機會，因爲她要再婚的這位對象就是她的眞命天子，而且兩人一定會白首到老。

她因此陷入左右爲難的迷惘中而十分痛苦，因爲她實在不知道應該相信哪一位命理師。若相信第一位命理師，結果一語成讖，豈不是明知故犯，自尋煩惱嗎？但若不把握第二位命理師的建議，萬一失去良緣而後悔終生，又該怎麼辦？

當她來找我時，我當頭棒喝地提醒她：「還虧妳是個基督徒，你們是在同一個教會認識又是教友，而且都是單親，應該彼此較能夠瞭解和體恤對方，既然雙方都有愛意又有結婚的意願，妳要找的恐怕不是命理師而是牧師。」

算命帶來的自信心

另一位知名女企業家的朋友，她熱愛算命的行徑，不敢說已到走火入魔的境界，但至少也算是打遍天下無敵手。曾經有共同的朋友好奇並質疑她似乎已算命成癮？其實商場不同於情場，情場上失意大不了痛哭流涕一番，但商場上成千上億的財力廝殺，一旦失敗，則有可能導致負債累累並身敗名裂。

事實上所有的企業老闆自己心中早有一把尺，只是人在江湖身不由己。何況高處不勝寒，社經地位愈高的人，處境愈孤單，可以眞正信任、談心和分享商業機密的人更是少之又少。因此通常會採取貨比三家不吃虧的原則，多找幾位國師級或不同領域的命理師，充當業餘的諮詢來增強自己趨吉避凶的判斷與決策，諸如對於合夥的對象、幹部或儲才的任用，投資的最佳時機，甚至祖墳的風水等。

選擇玩股票，就會有輸贏，選擇買房地產，就會有盈虧，選擇開公司，就會有成敗，選擇結婚，就會有婚姻幸不幸福，所有答案都是因爲你的選擇，如果你不選擇，一切將歸於零！所以命理沒有預知未來的功能，算命只是分析你選擇後的未來！

我雖然不懂命理學，卻有些達觀之處不謀而合。宋代禪宗大師會對參禪提出三重境界，即是初悟之禪，看山是山，看水是水；而頓悟之禪，看山不是山，看水不是水；直到徹悟，則看山仍是山，看水仍是水。願以此與喜歡算命的朋友互勉之。

具備樂觀與幽默，就能無往不利

所謂「由儉入奢易」，「由奢入儉難」，當你從一個養尊處優的環境突然被打入谷底時，要面對的不只是生計上的窘境，還有心理上難以調適以及怕人識破的那份虛榮自尊心，才是大障礙，這種情況不論大人還是小孩的感受都是一樣的。但只要能夠自我突破這層防線與盲點後，漸漸地你就會發現原來生活中很多的不開心，均是因爲沒有眞正打開心扉。

我曾經在過年的時候，包了個紅包送給一位破產的朋友，他居然當著我的面把錢收下並直接放進他的口袋裡，然後再把紅包袋塞給我說：「環保嘛，所以你可以再多使用幾次！」人在困境中不論是苦中作樂還是強顏歡笑，其實也都需要勇氣以及幽默的能量。

心胸開懷，是幸福家庭的重要元素

父母的幽默是可以感染給子女的，我記得有一次不曉得爲了什麼事情與孩子們鬧得很不愉快，但又不想讓家庭氣氛搞得太僵，讓彼此下不了臺，因此心生一計，返回房間寫了張大字報，警告孩子們別再把我給惹火了。大字報上我寫的是：「我正在更年期，請配合！」沒想到孩子們也馬上紛紛趕回他們的房間，沒多久出現在我眼前的竟是他們共同製作的大字報，上面寫著：「我們正在叛逆期，請體諒！」

當夫妻為愛而結合，絕大多數也不是為了離婚而結婚，但夫妻間通常會因為生活上瑣碎事件的衝突，造成彼此負面情緒的反彈。既然彼此無隔夜之仇，又何必要動干戈或採取冷戰呢？只要有一方願意發揮一下幽默的態度軟化彼此的僵局，就可以化干戈為玉帛；從欣賞說笑、學習說笑、懂得說笑到喜歡說笑，可說是人生的莫大進步。因為任何人際關係，包括親密如兩性及家人等，若能用幽默感做為潤滑劑，不但可以消除緊張、壓力及鬱卒，更重要的是心胸開懷能有益健康。

常保樂觀的心，相信未來有希望

樂觀者的自信如同醜小鴨蛻變成天鵝一般，是一股畫龍點睛的神奇力量，雖然過分的樂觀常會扮演著像唐吉軻德的滑稽角色，但也無損其自得其樂的權利；反觀悲觀者的想法，總是在未雨綢繆中多慮了，他們的失敗因素大多是因爲害怕導致的猶豫心理，因而總是裹足不前。

避免因失敗帶來的挫折、壓力或傷害，這些都是深思熟慮的優點，但過度悲觀則容易缺乏信心，反而容易痛失良機。我曾經輔導過兩個在感情上失意的個案。樂觀者拭去眼淚後，沉澱了一陣子，決定要開始重新出發；而悲觀者在心碎後，則沉淪在藉酒澆愁、鑽牛角尖中而無法自拔。結果樂觀者不但最後找到適合的對象、結婚生子；悲觀者則至今仍陷在「一朝被蛇咬，十年怕草繩」的自怨自艾的困境中。

因爲樂觀才會相信有希望，人一旦有了新的希望就會尋覓出具體的目標，有了努力的目標與方向，內心就會比較踏實而不再徬徨，這種態度就是支撐挑戰現實的力量，也是個人、家庭、企業永續經營的精神。尼采的「受苦的人沒有悲觀的權利」就是最經典的註解。

婆媳相處，以退爲進

婆媳的問題對女性而言，簡直是婚姻家庭中永遠無解的習題。

多年來，我總在基層警員或社工們有需要時，協助處理一些比較困難的個案輔導。

其中一次是在某個夏天的凌晨，我突然接到一位退休的資深社工來電，而她則是輾轉接受一位在醫院擔任夜班護理師請託，希望能夠找我去醫院，輔導一位因婆媳問題想不開，自殺未遂的老婦人。

當我問他們：「已經是三更半夜了，爲什麼非找我不可？」，他們的回答讓我啼笑皆非而不得不答應。

看電視指名黃老師

原來自殺的老婦人被搶救醒過來以後，情緒非常亢奮激動，不但無法平靜，且死意依舊相當的堅決。

在她緊閉雙眼，不願意透露任何口風的情況下，大家擔心如果採取不理會的態度，恐將會再造成不幸。於是包括住院的醫生、護理師、社工師以及來做筆錄的員警，都很有耐性的輪番上陣，企圖用柔性的勸導，讓病人冷靜下來，如此大家才能安心，老婦人也可以寬心養病。

可是怎麼勸慰都無效，就在院方的工作人員打算放棄的時候，突然看見電視上剛好在播放我的影片，於是他們就隨口問了老婦人一句：「妳什麼人都不理不睬，那麼找黃越綏老師來好不好？」沒想到老婦人竟然意外地睜開了眼睛，淚流淌腮邊，她用虛弱的眼神向對方點了點頭，表示同意。

於是我就擔任救火隊來到了醫院，當我走到老婦人的病床旁，她確認眞的是我本人時，激動得嚎啕大哭了起來，害得病房一時不得安寧，且大家都有些尷尬。

等她哭了一陣子，情緒好不容易漸漸平靜後，她終於願意卸下心防，單獨地對我娓娓道來，她之所以會自殺的原因。其實她的故事並沒有什麼特別，只不過是典型的孤兒寡母、相依爲命的樣版罷了。

但不是當事人是無法感同身受的，老婦人認爲，她此生不止爲了婚姻家庭，奉獻了大好的青春與歲月，連自己的性命也差點犧牲，因爲曾爲了救兒子，在鬼門關前闖過了兩次。如此千辛萬苦，好不容易把兒子拉拔長大，多麼希望他成家立業後，能夠讓她含貽弄孫，頤養天年。

但萬萬沒想到，媳婦不但排斥她，老背著兒子給她嘴臉看，還不願意與她同住，整天吵著要搬出去租屋，而且已經結婚三年多了，還不願意懷孕。正因爲「不孝有三，無後爲大」的觀念作祟，加上兒子又是單傳的獨生子，因此，她不只汗顏且壓力也很大，怕死後無臉去見祖先。

最讓她感慨的莫過於，似乎昨天兒子才娶了媳婦，怎麼一夕之間自己反變成了孤獨老人？原本相依爲命並早晚噓寒問暖的寶貝兒子，眞的是有了媳婦忘了娘，從此與她愈來愈有距離，愈來愈感到陌生和疏離。

或許因爲是獨生子的關係，她從小就對兒子非常的保護，導致兒子的性格顯得懦弱和優柔寡斷，因此當強勢的媳婦碰到控制慾的婆婆時，彼此的衝突和爭執只會與日俱增，且愈來愈嚴重，甚至已經到了水火不容的地步。

偏偏兒子愈來愈向著雙面手法的媳婦，害得她處處動輒得咎，這樣的委屈無處可以伸張或傾訴，讓她感到十分的悲哀。覺得再也沒有活下去的意義。而選擇自殺的動機，是由於最近媳婦因意外流產了，媳婦跟兒子哭訴說，都是因爲她和婆婆爲了某事在爭執時，婆婆一氣之下刻意地推了她一把，導致她失去重心，從階梯上跌下來。

明明是媳婦不小心摔倒，而且當時老婦人在廚房裡，根本不知道發生什麼事，還是突然聽到一聲重響，出來才看她跌倒在地上，先把她扶起來安置好，就立刻打一一九叫救護車了。

豈知兒子心疼媳婦，竟然不分青紅皂白一味地護短，認爲母親是作賊心虛才會叫救護車，當下老婦人如雷灌頂，幾乎氣得暈眩過去。

隔天媳婦就回娘家休息，兒子也氣沖沖地跟著搬了出去，臨走的時候還狠狠地丟下一句，「人都說虎毒不食子，但媽你還眞是個例外。」老婦人痛哭流涕，以肝腸寸斷的心情，敍述著他被兒子媳婦冤枉和背叛的悲慘遭遇。

她緊緊地握住我的手，哀怨中帶著悲憤地口吻道：「黃老師，妳說我還有活下去的價値嗎？死給他們看只是剛剛好而已呀！」

凡事看開了才能寬心和開心

老婦人盡情地發洩，而我則專注的聆聽，最後終於輪到我開示了（笑）。我告訴她，第一，雖然我很同情妳的遭遇，但我不認爲妳應該死給他們看，因爲太不値得了，反而要好好的活著，等他們回來懺悔才對。

因爲雙薪家庭，如果又租房子，一旦生兒育女，上班假不好請，而請保母又貴的情況下，妳將會是最好且最信得過的好幫手，屆時媳婦若開不了口，妳兒子也會乖乖回來求妳「含飴弄孫」。

既然他們不懂惜福，急著搬出去，那麼妳也就可以順勢把房間出租，最好便宜租給從南部到臺北來求學的護理系女學生，如此一來既有額外的收入，又有個專業看護的陪伴，而且也不惹妳生氣，同時能展現出妳不是非靠兒女不可的時代女性，多好啊！

第二，養育兒女是父母的責任，沒有什麼人情好討的，何況情一討就會變薄、變得不值錢。

再說媳婦本來就是別人家的女兒，太多的期待只會失望，而兒子長大成人變成了別人的丈夫，做媽的就應該適時放手，否則孤兒寡母的情結，再不放手可就容易變成病態的母愛。

第三，人的一生，都是父母看著子女的背影，很少有子女會回頭再看著父母的背影。

因此凡事看開了才能寬心和開心，因此不要再去管兒子媳婦的事，反而要多關心自己，能夠愈早走出這個陰霾愈好，一旦身體恢復健康，就要開始分別到醫院、老人院去當志工，或上社區大學交新朋友。

第四，這一點最重要，如果自殺是妳一貫情緒勒索的伎倆，那麼就請妳把技術練好練準，免得再浪費社會資源來拯救妳，而且妳竟然敢要求我這個老太婆半夜來救妳，萬一換成是我有個三長兩短，妳怎麼跟社會，還有我的子女交代呢？鬥志幾乎是單親媽媽的本能，妳就好好的表現給我看吧！

輔導的內容大概就是如此吧，我沒有用太多的學術理論，只是用我自己也是個單親媽媽的角色，給予同理心和一些激勵人心的小偏方。老婦人聽完以後，居然破涕爲笑地起身擁抱著我，連說了好幾聲的對不起和謝謝。

事過一年，我巧遇連絡我的那位資深社工，她興奮地告訴我，老婦人不但聽我的話很快走出陰霾，而且也去上了社會大學，還到醫院和老人院當志工，甚至在老人院時還常引用我的話安慰那些被親情遺忘的老人家。

最後這位資深社工還調侃地說，我比算命的還準，現在兒子和媳婦還要經常拜託老婦人幫他們帶孫子。

退而不休，老而不隱

不論面對什麼樣的危機、困境和壓力，切記！存在的價值和生命的動力，都可以掌握在自己的手中，尤其是高齡者，不要因爲自己逐漸老去而喪失鬥志。若能正向思考，擁有正能量凡事都可迎刃而解。

找到自己存在的價值

有位不認識的鐵粉，私下託友人向我求

助，七十歲的她，丈夫早逝，成爲單親媽媽，好不容易獨自把兒子辛苦地撫養長大，買了新屋讓他娶妻生子。可惜兒子有了媳婦忘了娘，母子關係不但不親，而且兒子的作爲已近乎不孝。偶爾想見見孫子，媳婦除了充耳不聞外，還會大加阻撓，並私下告訴孫子：「阿嬤是巫婆」。

經歷種種的不愉快後，令她失望至極，加上年紀大，身體又多病，幾次輕生不成後，只能在悔恨和不甘心中苟延殘喘。最後她痛定思痛，決定賣掉自己現住的公寓，搬到養老院，讓兒子媳婦再也找不到，打算獨自度過餘生。但她在遺囑裡交代，等她死後，希望能夠把銀行的存款全部捐給我們的公益基金會。

有人瞧得起又願意捐款，當然是好事一樁，但我告訴她，棺材裝死不裝老，在長壽當道的今日，七十歲並不算很老，而且如果她活到九十歲，銀行的存款是否還有餘額，恐怕還是個問號。

人生在世，身體難免會有病痛，但醫療過程的努力及痊癒的成效與否，往往和當事人的心理狀態有關。尤其高齡者，在面對晚年生活失去目標，子女無法經常陪伴的失望，加上經濟上的拮据，以及對健康沒有信心等因素，都會直接或間接的影響到情緒的起伏和心情的好壞。

於是我順口問她，有沒有什麼特別的嗜好？她想了想後告訴我，從年輕開始，她最喜歡的興趣就是十字繡。於是我告訴她，請她好好安心安排晚年的生活，不必考慮捐款的事，倒是希望等她搬到養老院安頓後，是否可以開始抽空繡幅十字繡作品，將來捐贈給我們做爲公益活動的義賣。

她突然眼睛發亮，且掃去一臉的陰霾，並熱誠地開始和我討論起，「什麼樣的作品比較好拍賣？」「作品尺寸應該多大比較好？」「何時需要交作業呢？」她似乎開始覺得自己不再是一個絕望的老人，而是可以貢獻公益的藝術家。

轉變心態
就能影響未來

大家都怕死，但其實死了之後就沒有什麼值得害怕和牽掛的了，從此與世隔絕，兩不相欠；眞的做到了前世因果，加上此生恩怨，皆徹底一筆勾消；否則哪會有「遺憾都是活著的人在扛」的說法？

不過問題往往就在死不了，但又活得不開心，在困境中徘徊，尤其在高齡化的速度比少子化更快的年代裡，更是難上加難啊！

這也是爲什麼我經常建議長者，要盡量做到「退而不休，且老而不隱」的原則。而且退休之前就要先做好心理準備，因爲很多人的心態上認爲只要退休了，從此就可以放手輕鬆地過日子，其中當然包括沒有壓力地遊山玩水和含飴弄孫。這種極度想要甩開長期壓抑的情緒，就和大學畢業生丟掉帽子期待不用再上課，或勞工階級年終領完紅利，準備換跑道是如出一轍。

只要是人，除了蓋棺論定外，漫長的生命中必須面對的有形及無形的壓力，就像空氣中的細菌無法眞正擺脫。如同畢業生甩掉了學士帽，並不代表抵達了人生的終點，仍然必須重新面對踏入社會及職場的挑戰。相對地，勞動界的朋友在家庭責任與經濟的壓力下，假期間也只能夠短暫的沐浴在春風裡，終究不得不重新回到職場，再見各種不同老闆的嘴臉。而退休者在歷經了逍遙自在，既新鮮又興奮的神仙歲月後，也不得不重新跌入凡間，扮演起生活中的另類角色。

這時候才會發現並體驗到，生活的心態和形式之間是有差距的，心態可以藉由烏托邦想像而自由發揮，但形式則是現實中面臨的眞實體驗。

在一般社會的認知裡，高齡代表的就是老化的象徵，退休則是落伍的表率；因此如果不爲退休後的心理做建設，對生活方式的改變做好準備，恐怕隨著歲月的老化，會覺得除了生理上的力不從心，最悲哀的莫過於人際關係開始流失與萎縮，以及人與人之間的互動交流將漸漸遲緩且毫無目的。

加上在家庭地位重要性與必要性的遞減，導致退休者慢慢地開始斂縮或封鎖自己的生活範圍與領域。非但不積極參與社交，甚至找起藉口逃避和退縮，直到身心開始受創，即使患了憂鬱和焦慮症也不自覺。

壯大正能量才能開新局

我有一位非常成功的企業家朋友，退休之後，爲了彌補過去對家庭的疏忽，陪著妻子環遊世界，結果不幸在旅程之中，因心肌梗塞而中風。由於在郵輪上稍微耽誤了就醫的時間，即使性命救了回來，健康卻受損，成了半癱瘓的狀態。他從此幾乎一蹶不振，除了妻子和看護以外，拒絕任何的社交接觸。

根據醫生的說法，如果他能夠激發鬥志，再活個二十年都不是問題，但他卻承受不了病痛的壓力，加上放不下驕傲的自尊心，任由自己一手捏碎了身心靈的重建價值，以及好死不如賴活的生命精神。醫療生物科技的進步神速，讓世人不分性別都能延長生命，因此應該更要珍惜這個得來不易的奇蹟。

人類的進步就在於不斷對人事物產生好奇、學習、成長、創新和回饋。因此不論年長或退休與否，都要讓自己的頭腦清醒並變得更好，縱會失去部分的記憶，但仍擁有新知識的養分，則其本質上就帶有健康的養生之道。既然年紀大了容易健忘，就盡量忘記那些芝麻綠豆大的是是非非，不斷地學習有營養的東西，壯大自己的正能量。

珍惜當下，開心樂活

我在加拿大的好友Margie，她從加拿大全國家庭福利委員會主席退下來以後，除了協助輔導一些特殊的個案外，開始學水彩畫，經過十多年的努力，現在她的畫作不但達到了專業畫家的水準，而且開始有人高價收藏，最難得的是，她還捐出幾幅的畫作，讓我們公益團體作爲義賣之用。

我另外一位成爲拼布高手的朋友，則是退休前就開始學習和培養興趣。她以身作則，持之以恆地讓自己退而不休。她美麗的拼布在美國成了具有藝術價値的作品。她在生前分別送了三幅作品給自己的兩個女兒作爲紀念，女兒在追悼會上用著驕傲的神情告訴大家，母親留給她的不只是拼布的價値，而是她在完成每件作品過程中的堅定意志，以及對藝術創作的想像力量。

人不爲己，天誅地滅，就因爲老年來日不多，更要懂得「珍惜並且開心活在當下」的智慧。

因此，已經退休的高齡朋友不妨銘記在心，盡量做到不浪費社會資源，不給兒女增添麻煩，讓自己能夠成爲既自立又懂得回饋的大愛角色，那麼離蛻變成爲「老少咸宜」、可愛又可親近的老人家，也就指日可待了。我正朝向此目標前進中，願與大家共勉之，加油並祝福。

適度和適時的沉默，勝過千言萬語

有大學生問我，在人際關係的互動中，如何展現沉默的力量？

爲了凸顯聆聽的重要性，因此有「沉默是金」的說法，但相對地，過度的沉默則易給人一種無言的冷漠或刻意疏離的感覺。

不過，在溝通的過程中，適度的沉默用在於對付碎嘴、喋喋不休或咄咄逼人的情況下，總是能夠產生一些類似息事寧人或避免擴大衝突的效果。

沉默是等待時機的策略

在溝通中發揮些幽默感，不但可以化解尷尬的局面，甚至能夠化干戈爲玉帛。

有一次不知道到底是爲了什麼事情，母親帶著相當情緒化的口氣，喋喋不休地數落著父親的不是，父親則是沉默以對。過了好一陣子，父親突然從座位上站了起來，逕自走到茶儿的矮櫃上倒了杯水喝，然後再倒了一杯水遞交給母親，用著輕描淡寫的口吻說，「被叨唸的人都聽到口渴了，不知道妳渴不渴？」儘管氣還沒有全消，但母親在接受那杯水的當下，也只能噗哧一笑而泯恩仇。

記得年輕的時候，有一次陪丈夫接待一位日本的客戶，當公司爲他做簡報的過程中，只見他雙手緊握地捂著嘴，不發一語地專注聆聽並頻頻點頭，因其誠懇和敬業的精神實在令人佩服，生意當然也就很快地成交。

直到多年後，彼此變成了合作的好夥伴，他才坦承自己當年根本不懂英文，但爲了避免彼此難堪，只好透過肢體語言，用沉默和點頭來化解危機。

不敢開口不等於沉默

有時候由於自卑或缺乏自信，甚至因爲少了生活歷練的應變能力，進而導致一時之間不知道該如何處理眼前尷尬的問題時，便只能無奈地利用沉默來讓別人爲自己分擔解憂。然而，當事後發現，問題竟然可以如此輕而易舉地被解決時，反而會顯得有些尷尬。

有位臺灣的留學生到美國留學，由於人生地不熟，加上壓力大，在水土不服的情況下，導致消化系統出了問題，因此便祕了好幾天，肚子腫脹且絞痛，難受不已。最後同寢室的另外一位臺灣學生看不下去，主動表示願意陪他去看醫生。

在赴醫院的路程中，因腸胃不適而絞痛直冒冷汗的這位學生，心忖著自己眞的很慚愧。爲什麼一樣都是透過托福考試才留學的學生，偏偏自己便祕了，卻不知道英文的單字應該怎麼說，而上下舖的同學既沒有得到便祕，卻連這麼冷門的疾病專有名詞的單字都有讀到，簡直讓他丟臉至極而恨不得鑽到地洞裡去。

好不容易終於忍痛到了醫院，該學生馬上就坐在醫生的面前，而醫生面帶笑容的用英文問他：「What's up?（你怎麼了？）」

他一時愣住了，只見陪同站在一邊的同學，立刻伸出手並指著便祕的同學，用十分認眞的態度跟醫生說：「He is something in but nothing out.」

醫生聽完後，點了點頭立刻開了通便劑的處方給他們。

就像有一位老先生跟著旅行團到美國東海岸旅遊，當他在所住的紐約飯店門口等待大家集合時，突然瞧見對街，發生了兩車相撞的意外車禍。

大家不是好奇地圍觀，就是驚聲尖叫，只有他默默地跑回房間，撥打當地的九一一求救專線，並用著洋涇濱的英文說：「One car come one car go two car 碰碰碰！嗚依嗚依，Please!」結果沒有多久警車和救護車就到了，而且事後這位臺灣的老先生還受到市府和飯店的頒獎。

雖然以上這些故事看起來像是風趣的笑話，但其實也蘊含著人生的哲理，沉默能產生力量，是來自於你認爲有必要，而不是因爲來自於恐懼或害怕別人對你的看法。

適度和適時的沉默，是種禮貌和穩健的態度，但是過猶不及，若過了頭則容易產生孤芳自賞，或者傲慢與偏見的扭曲與誤解。

大膽假設，但別忘了小心求證

所謂食色性也，但在實際的婚姻生活中，即使已經到了二十一世紀，對很多夫妻而言，談起性生活竟然依舊是種承接傳統下保守的禁忌，而非開放式的坦承相對。

婚姻與性生活

根據國外的調查，有高達七成以上的女性，在婚姻生活中並沒有獲得高潮或享受到性生活的樂趣。

在我早年曾經開的婚姻成長班中，以問卷詢問了二十個成年已婚或同居的女性學員，內容有關她們對於性生活的感受與看法。

其中只有一位學員表示，她在每次的性交中，都有好幾次的高潮，因此她非常熱愛並享受性生活。另外有兩位學員則坦承自己非常討厭性生活，甚至排斥另一半的肌膚接觸或提出性交的要求。

大部分的學員，都表示她們在床笫之間的性生活均採被動，且並不樂意配合另一半變化性交姿勢。

更令人訝異的是，竟然有超過十二位不同年齡的學員，居然表示，她們的高潮都是爲了討好或滿足另一半的男性尊嚴而僞裝出來的。其中還有一位學員揶揄挖苦著說：「黃老師，妳不是說男人一生最重視的，就是代表身分的名片和性功能？我之所以僞裝配合及滿足丈夫的需要，除了有一部分是爲了保住婚姻關係，但同時也擔心他會到外面打野食，會給我感染性病。」

可見性生活對婚姻而言，依然是一個重要的課題，雙方都不能夠怠慢或卸責。

結婚靠衝動，離婚要理智

我有一個個案，她是位相當成功的女強人，之所以會來找我做離婚前的心理諮商，是因爲她在做年度的體檢時，醫生竟然發現她似乎感染到了梅毒。

對她而言，這個晴天霹靂的惡耗不但是攸關生理的健康，更影響到心理的崩潰，她簡直不敢置信一向對自己忠心耿耿且溫柔體貼的丈夫，居然會背叛她在外面拈花惹草，還不知檢點的把病毒帶回來給她。

於是除了極度的痛恨和憤怒外，她心想既然是對方先無情，又奈何我不講道義？於是她想到報復和教訓丈夫最快的手段，就是立刻凍結他銀行的流動資金，讓他一夕之間一無所有，且在公司裡也沒有半點權力。

但人到底是感情的動物，何況夫妻倆從年輕時就胼手胝足一起白手起家，不知道歷經了多少的風暴和考驗，才能獲得如今的成功並順利靠岸。是否眞的要因爲這個不可饒恕的錯誤，就砍斷三十年的夫妻情分？這位女士自己也猶豫了，於是她瞞著丈夫和律師先找上了我。

當我問到她，其病症是否有再經過第二個醫生的檢查並確定病因時，她竟然有些訝異地思考了一下，接著又果斷地告訴我，因爲她從來沒有跟第二個男人發生過性關係，所以肯定梅毒是來自於她先生的感染。

反正，已經有了證據，也請了律師處理，又何必急於一時？於是她聽從我的建議，再去尋求其他更專業的醫生進行診斷。

不久診斷的結果出來，出乎意外地發現，她是在洗三溫暖的地方受到感染，差一點冤枉了丈夫，也毀掉了自己的幸福婚姻。

結婚的確需要浪漫的衝動，但離婚最好能夠理性的考慮，並做到善意的分手。當選擇走入婚姻，兩人一生的磕磕碰碰是難免的，因此需要有強大的意志、堅定的目標，以及身心健康的體魄，才能邁向幸福的那一端。

國家圖書館出版品預行編目(CIP)資料

黃越綏的意外人生：與壓力共存的人生哲學 / 黃越綏著. -- 二版. -- 新北市：臺灣商務印書館股份有限公司, 2023.08

面；　公分

ISBN 978-957-05-3509-9(平裝)

1.CST: 黃越綏 2.CST: 臺灣傳記

783.3886　　112008428

Ciel

黃越綏的意外人生

與壓力共存的人生哲學（全新增修版）

作　　者 — 黃越綏
發 行 人 — 王春申
選書顧問 — 陳建守
總 編 輯 — 張曉蕊
責任編輯 — 翁靜如
特約編輯 — 葛晶瑩
封面設計 — 萬勝安
內頁設計 — 林曉涵
版　　權 — 翁靜如
業　　務 — 王建棠
資訊行銷 — 劉艾琳、謝宜華
出版發行 — 臺灣商務印書館股份有限公司
23141 新北市新店區民權路 108-3 號 5 樓（同門市地址）
電話：(02)8667-3712
傳真：(02)8667-3709
讀者服務專線：0800056193
郵撥：0000165-1
E-mail：ecptw@cptw.com.tw
網路書店網址：www.cptw.com.tw
Facebook：facebook.com.tw/ecptw

局版北市業字第 993 號
初版一刷：2015 年 05 月
初版九刷：2017 年 10 月
二版一刷：2023 年 08 月
二版2.3刷：2023 年 10 月
印 刷 廠：沈氏藝術印刷股份有限公司
定　　價：新台幣 350 元

法律顧問 — 何一芃律師事務所